FICHA CATALOGRÁFICA

(Preparada na Editora)

Frungilo Júnior, Wilson, 1949-

F963h *O homem do caderno* / Wilson Frungilo Júnior, Araras, SP, IDE, 1ª edição, 2010.

256 p.

ISBN 978-85-7341-468-4

1. Romance 2. Espiritismo. I. Título.

CDD-869.935
-133.9

Índices para catálogo sistemático:

1. Romance: Século 21: Literatura brasileira 869.935
2. Espiritismo 133.9

O Homem do Caderno

O HOMEM DO CADERNO
ISBN 978-85-7341-468-4
1ª edição - fevereiro/2010
20.000 exemplares

internet:
http://www.ideeditora.com.br
e-mail: comentarios@ideeditora.com.br

Capa:
César França de Oliveira

INSTITUTO DE DIFUSÃO ESPÍRITA

Av. Otto Barreto, 1067 - Cx. Postal 110
CEP 13602-970 - Araras/SP - Brasil
Fone (19) 3541-0077
CNPJ 44.220.101/0001-43
Inscrição Estadual 182.010.405.118

IDE EDITORA É APENAS UM NOME FANTASIA UTILIZADO PELO INSTITUTO DE DIFUSÃO ESPÍRITA, O QUAL DETÉM OS DIREITOS AUTORAIS DESTA OBRA.

www.ideeditora.com.br

IDE EDITORA É UM DEPARTAMENTO DO INSTITUTO DE DIFUSÃO ESPÍRITA, ENTIDADE SEM FINS LUCRATIVOS, QUE PROMOVE EXTENSO PROGRAMA DE ASSISTÊNCIA SOCIAL AOS NECESSITADOS DE TODA ORDEM.

Wilson Frungilo Jr.

O Homem do Caderno

Romance

ide editora

ÍNDICE

I

Capítulo inicial

Esta é a história de João Pedro do Nascimento, Espírito já desencarnado e vivendo numa colônia do Plano Espiritual, trabalhando e aprendendo mais profundamente as verdades da vida e assimilando no coração os ensinamentos de Jesus.

João Pedro teve, na encarnação passada, uma vida bastante sofrida, mas, hoje, já possui plena convicção de que somente podia ter sido assim, por força das leis de causa e efeito e nem gostaria de conhecer as faltas de seu passado, haja vista ter consciência de ainda não possuir condições psicológicas para saber no que foi que tanto errou, assim como tem ciência de que terá de aprender muito e evoluir bastante para poder encontrar a plena felicidade que tanto almejamos.

Com certeza, e como ocorre com a maioria de nós, Espíritos inferiores ainda, muito deve ter errado, tendo, então, que aprender nas sucessivas encarnações, arcando com as consequências de tudo o que pode ter causado, a título de aprendizado e não como castigo, pois Deus, em sua infinita bondade, não castiga Seus filhos amados.

Crê que os seus maiores erros devam ter sido por ele cometidos, não em sua última encarnação, antes desta que acaba de vivenciar, mas em outras mais remotas, e ele mesmo explica o porquê, com as seguintes palavras:

"– Penso que, para que eu pudesse suportar tudo o que vivi nesta última passagem pela Terra, devo ter sido preparado para isso em reencarnação anterior. Por isso, aconselho a todos os irmãos a que se preparem para o grande aprendizado, começando, desde já, a cultivar a humildade e a simplicidade em todos os atos da vida presente."

Porém, graças a Deus e à Doutrina Espírita, hoje compreende porque passou por tudo o que vivenciou e sabe que foi a melhor das vidas por ele vividas na carne pois já se sente mais perto da felicidade que Deus, nosso pai e criador, deseja a todos nós.

Hoje já é sabedor de que nasceu num momento difícil, pois sua pobre mãe não somente era uma pobre mãe como, principalmente, uma mãe pobre. Seu nome era Cristina e acabava de sair da adolescência quando, ao entregar-se a um ato de amor equivocado, viu-se numa não esperada gravidez.

***

– Já lhe disse que não aceito essa sua gravidez! Você foi leviana demais e eu e sua mãe não temos condições de criar uma criança. Por isso, saia imediatamente desta casa! Não quero mais ver sua cara! – esbravejou José, pai de Cristina, já bastante alcoolizado naquela hora do dia.

– Por favor, marido – suplicou dona Ismênia, a mãe –, para onde ela irá? Não tem onde morar. Por favor, deixe-a ficar. Depois que a criança nascer, veremos o que fazer. Eu lhe imploro!

Nesse momento, atraída pelos gritos, dona Dirce, moradora de um outro bairro pobre da periferia da grande cidade, que por ali passava, interrompeu seu trajeto e ficou a ouvir toda aquela discussão e as palavras angustiadas de Ismênia.

– Já disse que não! – esbravejou mais ainda o homem, espumando de raiva e partindo em direção à filha, mão direita levantada, com a intenção de lhe bater: – Vou castigá-la! Sua ingrata!

– Não!!! – gritou a mãe, colocando-se entre ele e a filha – Não vai bater nela! Não vou deixar!

– Saia da frente, mulher, ou irá apanhar, também!

Nesse instante, Ismênia emitiu um grito de dor e tombou ao solo, num fulminante colapso coronário, já sem vida. O homem, então, abaixou-se desesperado, chamando-a, na tentativa de trazê-la de volta do que, imaginava, tivesse sido um simples desmaio.

– Ismênia! Ismênia! – bradou, dando-lhe leves tapas em seu rosto, numa tentativa de reanimá-la – Fale comigo, mulher!

Uma vizinha, também atraída pelos gritos, entrou no casebre e, afastando José, tomou os pulsos de Ismênia, tentando sentir seus batimentos e declarou:

– Ela está morta...

– Não! – gritou Cristina, abraçando-se à mãe. – Não! Mamãe, não morra! Não morra!

O homem tentou fazer a mesma coisa que a vizinha e, desesperado, correu até uma das paredes do cômodo, dela retirando um pequeno espelho, colocando-o sobre os lábios entreabertos da esposa, a fim de verificar se ela respirava.

– Está morta! Meu Deus! Não me abandone, mulher! Não me abandone!

Volveu, então, o olhar para a filha e disparou:

– Culpa sua! Culpa sua! Saia já daqui! Saia e não volte nunca mais! Nunca mais!

A pobre moça correu para a rua, desesperada, e foi amparada por Dirce, que ali permanecera a ouvir toda aquela discussão.

– Venha comigo, pobre menina. Venha comigo.

E Cristina se deixou levar pela bondosa mulher que a fez acompanhá-la até seu barraco, utilizando um pouco dos trocados que possuía, para levá-la de ônibus. Dirce habitava um pequeno quartinho, nos fundos de uma também pobre casa. Ao chegarem, a mulher pediu à moça que entrasse em silêncio porque seu marido já poderia estar em casa e, como de costume, alcoolizado. E estava. Ela possuía duas camas no único cômodo onde também se encontravam um fogão à lenha, uma mesa e três cadeiras. Como banheiro, um anexo de madeira, que continha um vaso sanitário, sempre com a tampa descida por causa do odor nauseante. Numa das camas, um homem roncava, entregue ao pesado sono, exalando forte cheiro de álcool.

– Este é Ernesto, meu marido. Como sempre, está bêbado. Mas, entre, Cristina. Está com fome?

– Não – respondeu, entre soluços, pois não parava de chorar.

– Não fique assim. Entendo que deve estar sofrendo muito, mas, de agora em diante, terá que se controlar porque meu marido é um pouco nervoso, mas não precisa ter medo. Sei controlá-lo. Sente-se aqui.

– O que vou fazer, dona Dirce? A senhora ouviu tudo. Meu pai me expulsou de casa e minha mãe está morta. E por minha culpa.

– Não fale assim, menina. Você não tem culpa de nada. E nem seu pai. Do jeito que sua mãe morreu, ela, com certeza, já devia ter algum problema de saúde. Não se culpe. Agora, diga-me uma coisa: quem é o pai dessa criança?

– Um namorado que tive e que se nega a assumir o filho. Disse que não pode ser dele, mas eu nunca tive nada com ninguém. Somente com ele. Fui louca.

– Pois você tem que falar com ele, inclusive exigir que a ampare. Ele tem condições?

– Pelo que ele me falava, sim. Nós estávamos namorando há seis meses.

– E com poucos meses de namoro, por que foi fazer essa loucura?

– Realmente, foi uma loucura, dona Dirce...

– E onde ele mora?

– Eu não sei.

– Você não sabe?! Namora há seis meses, permite que ele a engravide e não sabe onde ele mora?!

– Não sei. A gente se encontrava à noite lá perto de casa e ele nunca me disse.

– Meu Deus! Como você é ingênua, menina!

– Ele me parecia uma ótima pessoa e parecia me amar.

– Tem ideia de quantos meses está grávida?

– Penso que uns três meses.

– É...Pelo que dá para notar em sua barriga, deve ser isso mesmo.

– Quem está aí, mulher? – perguntou Ernesto, entreabrindo os olhos e falando com voz pastosa, efeito da bebida.

– Uma amiga, Ernesto. E ela vai morar uns tempos conosco.

O homem, então, com grande esforço, sentou-se na cama e olhou para a moça.

– Uma amiga? Chegue aqui perto. Quero vê-la. Não a estou enxergando direito.

Cristina não se mexe, temerosa.

– Venha até aqui. Quero vê-la. Venha!

– Ela está perto de você, homem. Oh, meu Deus! Vou abrir a janela para clarear melhor e vai vê-la.

Dirce dirigiu-se até a janela e a abriu. O homem protegeu os olhos da claridade e, quase sem conseguir abri-los totalmente, os fixou na jovem.

– Hum... Você é muito bonita, moça. Mas por que ela tem que ficar aqui por uns tempos, mulher? Mais uma boca para comer?

– Mais uma boca, sim, mas também, mais duas mãos para trazer dinheiro para o seu vício.

– Não fale assim comigo, mulher! Sou seu

marido! Bah!, deixa para lá. Vou dormir mais um pouco.

E Ernesto tombou pesadamente sobre a cama.

– Queria tanto estar lá com minha mãe. Nem sei como meu pai vai fazer para sepultá-la. Não temos dinheiro para fazer um enterro.

– Ele vai dar um jeito, moça. A prefeitura tem um serviço gratuito para quem não tem condições. Afinal de contas, não vão deixar o corpo lá na casa.

Cristina começou a chorar novamente.

– Meu Deus, que tragédia!

– Agora não adianta ficar se lamentado. Fique tranquila. Deixe passar alguns dias. Depois tentarei descobrir com os seus vizinhos o local onde ela foi sepultada e iremos até lá. Daqui a pouco vai escurecer e, por isso, pegue aquelas cobertas ali dentro daquela caixa e improvise um colchão aqui do lado de minha cama. Vou puxá-la mais para cá e você ficará entre mim e a parede. Agora, farei uma sopa para a gente se alimentar e depois descansar. Amanhã será um outro dia.

E assim fez a mulher. Mais tarde se deitaram e Cristina, então, olhando mais detidamente para Dirce, percebeu nela lindos traços fisionômicos, apesar de as agruras da vida miserável tê-la marcado, envelhecendo-a um pouco além do que deveria. E lhe disse, emocionada:

– Dona Dirce, não sei como lhe agradecer por ter-me acolhido. Não saberia para onde ir.

– Não precisa me agradecer. De qualquer maneira, eu não ficaria com a consciência tranquila se não a amparasse. Se nós, pobres como somos, não nos auxiliarmos, como poderemos sobreviver?

– A senhora trabalha?

– Não sei se poderia chamar de trabalho o que faço. Depois de muito procurar em vão por uma colocação, somente me restou a mendicância. E você? Tem algum trabalho?

– Não, nunca trabalhei. Só meu pai trabalha. Eu ajudava mamãe em casa. Éramos pobres, mas nunca nos faltou o essencial. Mas, pelo que a senhora me diz, pede esmolas...

– Peço, sim.

– E dá para viver?

– Pelo menos, para comer. E para o vício de Ernesto.

E, daí, sussurrando, Dirce lhe revelou:

– Preciso esconder dele o dinheiro, senão gasta tudo com as bebidas.

– Acho que vou ter de ajudar a senhora e pedir esmolas também.

– Penso que sim. Pelo menos enquanto puder se locomover até o centro da cidadc. Na maioria das vezes, tenho condições de tomar um ônibus, mas há dias que tenho que ir a pé e é longe, mas como o meu campo de trabalho é o mundo, vou pedindo pelo caminho. Vou lhe ensinar como pedir e, com essa sua barriga, já aparecendo, creio que não vai ser difícil conseguir esmolas.

– Estou sofrendo tanto...

– O sofrimento nos torna fortes, Cristina. Vai ver. É só uma questão de tempo.

Dirce, então, ensinou tudo o que sabia à moça, no que se referia a como ter sucesso como pedinte e até, algumas vezes, sendo inconveniente com as pessoas a fim de que lhe dessem algum dinheiro para se verem livres do incômodo. E chegou a criar uma história para que Cristina, ao pedir, conseguisse se livrar de recriminações pelo fato de ter engravidado. E assim os meses se passaram. Com Ernesto, a moça quase não teve problemas, pois quando chegavam em casa, à noitinha, ele já se encontrava dormindo, bastante alcoolizado. Algumas vezes, até tentou molestá-la, mas sem sucesso, principalmente pelo constante estado de embriaguez.

– Por que a senhora continua com ele, dona Dirce?

– E o que acha que eu poderia fazer? Expulsá-lo? Teria de fazer isso todos os dias. Para mim é mais fácil ficar com ele, apesar de que, de qualquer maneira, faço isso pelo amor que já senti por ele.

– A senhora é uma pessoa muito bondosa.

E os nove meses se passaram, porém, nos últimos dois, Cristina vinha passando mal, com dores e problemas com a pressão arterial, constatada por um médico que se dispôs a acompanhar a sua gestação, num dos postos de saúde do bairro. E o tão aguardado dia chegou e ela deu à luz um menino: João Pedro. A partir desse dia, Cristina já não mais saía para esmolar e uma outra senhora, vizinha de Dirce, a hospedou em sua casa, pois a moça tinha de guardar repouso e amamentar a criança. Ela possuía bastante leite e o garoto se desenvolvia rapidamente e com muita saúde, o que não aconteceu com ela. Piorou, a cada dia, com graves alterações na pressão arterial, tendo que, constantemente, recorrer ao médico que lhe fornecia o medicamento necessário. Porém, quando o menino completou três meses de idade, aconteceu o pior: Cristina, bastante comprometida com seu problema de saúde, veio a falecer, após rápida internação.

– E agora, mulher, o que vamos fazer com esse menino? – perguntou Ernesto, à noite, como sempre, bastante embriagado.

– Vamos ficar com ele, homem. Já peguei amor no menino.

– E como vai fazer para trabalhar?

– Ele irá comigo.

E Dirce, para convencer o marido, lhe explicou que, com João Pedro em seu colo, poderia ter mais chances de ser ajudada com esmolas, que imaginava aumentar em muito, e que, apesar de ter de comprar o leite, com certeza traria mais dinheiro para casa.

– Assim espero, mulher, ou ficarei muito nervoso e você sabe o que acontece quando isso ocorre. Já levou muitas surras, não?

– Fique calmo, Ernesto. Sei o que estou fazendo.

E o homem se acalmou e saiu para beber novamente.

* * *

João Pedro, Espírito, ainda não sabe quem é seu pai, mas tem a esperança de um dia conhecê-lo. Sabe também que Deus, em sua infinita bondade, permitirá que ainda venham a ser grandes amigos como já o é de sua mãe.

Na verdade, somente ficou sabendo da existência de sua mãe biológica, quando reencontrou sua mãe adotiva, Dirce, algum tempo depois de sua desencarnação, num momento de muita emoção, no qual esta, aos prantos, lhe pediu perdão por nunca lhe ter revelado isso. Nesse momento, João Pedro limitou-se a abraçá-la carinhosamente, compreendendo sua preocupação de mãe que o educou e sustentou.

II

A NOVA FAMÍLIA

Quando nasceu, em 1949, João Pedro não foi registrado por Dirce, temerosa de que exigissem algum documento do hospital e que o Oficial de registros, sabedor de que o filho não era seu, contatasse o juizado de menores e lhe tirassem o menino, por causa de sua situação de extrema penúria. Somente quando ele completou onze anos de idade, Dirce, já com emprego fixo e com a presença de testemunhas a provar que ela cuidara dele por todo esse tempo, conseguiu registrá-lo em seu nome.

Voltando, agora, à época do nascimento de João Pedro e da morte de sua mãe, Cristina, o casal Dirce e Ernesto percebeu que a presença daquela criança fora um verdadeiro achado para eles, principalmente à medida que João Pedro ia crescendo. Aos seis meses de idade, ele era um bebê muito bonito.

Tinha os cabelos claros, que depois escureceram. Hoje, desencarnado, quase não os tem mais, mas os poucos fios que permaneceram, assim como os de sua barba, voltaram a ser claros, na verdade brancos.

Nessa época, as esmolas aumentaram por sua causa, e até se recusaram a dar o menino para casais sem filhos, pessoas de posse, que desejavam adotá-lo e recompensá-los generosamente. Na verdade, ele se transformara em uma boa fonte de renda, pois Dirce pedia esmolas com ele ao colo. Ela também já se afeiçoara demais a ele e o amava muito, como se seu filho fosse. Por outro lado, Ernesto não ligava a mínima para ele, sempre exigindo dinheiro da pobre mulher que precisava esconder parte da esmola, a fim de que ele não a gastasse toda com bebidas. E a cada dia, Ernesto se tornava mais violento. Quantas vezes o menino presenciou ele bater em sua mãe. Um homem infeliz que João Pedro, agora no plano espiritual, tem enorme desejo em rever para que possam ter a oportunidade de resgatar todo o carinho que não puderam dispensar um ao outro.

E assim João Pedro foi crescendo.

A partir dos três anos de idade, já começou a dar um pouco de trabalho. Antes disso, sua mãe sentava-se na calçada, com ele ao colo, estendia a mão aos transeuntes e disso João Pedro, até hoje, lembra-se perfeitamente, até mesmo do timbre de sua voz, quando rogava às pessoas que por ali passavam:

– Uma esmola, pelo amor de Deus, para mim e para meu filhinho.

E quando alguém lhe estendia uma moeda, ela agradecia:

– Que Deus o abençoe, filho preferido de Deus.

Esse "filho preferido de Deus" lhe martelou a mente por muito tempo.

E, como dizia, após completar três anos, começou a dar um pouco de trabalho para sua mãe, porque já não conseguia ficar o tempo todo em seu colo. Queria brincar, queria andar. E, então, ficava zanzando perto dela e até já sabia que, quando alguém se aproximava, deveria ficar ao seu lado para que a pessoa o visse. Naquele tempo, o movimento não era como o de hoje na capital.

Certa vez, dobrou a esquina e Dirce, desesperada com o desaparecimento súbito do menino, chegou a lhe dar umas palmadas para que não mais fizesse aquilo.

Com cinco anos já começou, algumas vezes, a pedir esmola para ajudar a mãe. Até se sentia importante fazendo isso. Em sua ingenuidade, aquilo era um serviço em que ela trabalhava. Ainda não possuía a ideia de que aquela atividade, para a maioria das pessoas, era algo muito deprimente e, para outras tantas, vergonhosa. E se dava muito bem, dizendo assim:

– Por favor, uma esmola para mim e para minha mamãe. Estamos com muita fome.

Até já aprendera a mentir, pois dizia:

– Minha mamãe está muito doente.

E terminava com aquela frase que sempre ouvia ela dizer, agradecendo:

– Que Deus o abençoe, filho preferido de Deus.

Era impressionante o que ocorria quando ele dizia isso. Na maioria das vezes, a pessoa o olhava com ar intrigante e acabava por tirar mais uns trocados do bolso e lhe estendia. Ele nada entendia daquela frase, mas sabia que ela era miraculosa.

E foi, para ele, uma das melhores fases de sua infância, pois passara a angariar quase o dobro das esmolas que a mãe conseguia quando ela mesma pedia. E ao escurecer, voltavam para casa, alegres, brincando por todo o trajeto e Dirce o abraçava, tomava-o ao colo e o beijava muito. Seu pai, Ernesto, desencarnara havia alguns meses, e mãe e filho tornaram-se mais ligados ainda e mais tranquilos, tendo em vista que ela não sofria mais nenhum castigo por parte do marido.

Era uma vida miserável, mas eram felizes. O maior problema era quando um deles ficava doente, apesar de que havia um farmacêutico muito caridoso no bairro, que os atendia de graça e indicava os remédios que deveriam tomar. E aí, Dirce lhe pagava em pequenas prestações. Por vezes, o bom homem lhes arrumava amostras grátis. De outras vezes, a mãe recorria a uma benzedeira que os benzia com suas preces e até dava algum tipo de chá que, acreditem, curava de verdade. Essa benzedeira, a serviço de Jesus, na verdade, era uma médium muito caridosa, sem ter consciência disso.

E assim foram vivendo até que, aos sete anos, João Pedro já não despertava da mesma forma a comiseração das pessoas como conseguia quando era menor. Ele se transformara num menino feio e magricela, e parece que as pessoas não gostam muito de gente feia.

Foi, então, que Dirce obteve um auxílio muito grande de uma senhora que sempre lhes dava alguma coisa: um emprego de faxineira num prédio residencial. Na verdade, ela ganhava a mesma coisa que ganhava com as esmolas, mas tinha a vantagem de não precisar mais depender da boa vontade das pessoas. Levava o menino junto ao trabalho, sendo que ele não podia permanecer com ela dentro do prédio e ficava pela rua. Dirce levava comida, preparada em casa e, quando iam almoçar, o porteiro permitia que o garoto entrasse para comer com ela num banco que havia nos fundos do prédio.

E ele ficava o dia todo perambulando pelas calçadas, catando maços de cigarro vazios para com eles fazer figurinhas, cortando-os com as mãos. Eram as suas figurinhas. E era um grande colecionador. Alguns dos leitores devem se lembrar que as crianças mais pobres faziam isso com os maços de cigarro para brincar de bafo-bafo, batendo a mão em concha para tentar virar o maior número possível delas.

Mas o que João Pedro mais queria, mesmo, era aprender a ler e escrever. Não tinha como ir à escola, pois sua mãe entrava muito cedo no serviço e saía tarde. E ela também não sabia ler e nem escrever. Só sabia contar o dinheiro. Mas, um dia, João Pedro, como sempre, notou quando um menino que morava naquele prédio chegava da escola numa perua que fazia esse trabalho de levar as crianças. Ele estava sentado na calçada do prédio e brincava com as figurinhas de cigarro. Era a hora do almoço e ele já havia almoçado.

Quando o menino o viu com as figurinhas, parou, esperou a perua partir e, antes de entrar, lhe perguntou:

– Você tem muitas dessas figurinhas?

– Tenho sim.Você não tem?

– Minha mãe não deixa.

– Por quê?

– Porque ela não deixa que eu apanhe nada da rua. Diz que tudo que está na rua é sujo.

– Mas não é sujo. Veja. Estão limpas.

– Eu sei, mas ela não deixa. E eu gostaria tanto de jogar bafo e de ter as minhas figurinhas... Muitos meninos da escola têm.

João Pedro ficou com pena do garoto e lhe disse:

– Se quiser, eu apanho alguns maços de cigarro e faço as figurinhas para você. E olhe que eu faço bem feito. Sei cortar muito bem com as mãos.

– Mamãe não vai gostar.

E João Pedro lhe fez uma proposta:

– Podemos fazer o seguinte: eu apanho os maços, faço as figurinhas e guardo comigo. Quando você for para a escola eu lhe dou. Já sei que você desce sozinho do prédio para entrar na perua da sua escola. Quando chegar de volta, me entrega e eu guardo de novo para você. No dia seguinte, de manhã, pega de novo comigo.

– Você faria isso por mim?

– Sim.

– E o que vai querer em troca desse favor?

João Pedro nem pensou para responder:

– Quero que me ensine a ler e a escrever.

– Ensinar você a ler e a escrever?

– Sim. Sempre vejo você estudando naquela mesa, na entrada do prédio. Se me deixassem ir lá com você, poderia me ensinar.

Murilo, esse era seu nome, pensou um pouco, coçou a cabeça e teve uma ideia:

– Já sei! Vou perguntar à minha mãe se eu posso. Você não é filho da dona Dirce que limpa o prédio?

– Sou, sim.

– Vou perguntar à minha mãe e depois lhe digo.

– Está bem. De qualquer maneira, vou lhe arrumar as figurinhas. Afinal de contas, se sua mãe não deixar, você não tem culpa.

– Pois olha – disse ele –, vou pedir, pedir e pedir, até ela deixar. E eu posso lhe ensinar, sim. Já tenho oito anos e estou no segundo ano da escola.

No dia seguinte, João Pedro já tinha muitas figurinhas para dar a Murilo. Quando este desceu para apanhar a perua que o levaria à escola, disfarçadamente, lhe entregou um pequeno embrulho.

Os olhos do menino brilharam de contentamento e sussurrou a João Pedro:

– Quando voltar, lhe falo sobre o que conversamos ontem.

João Pedro animou-se, pois pelo sorriso do novo amigo, imaginou que tudo daria certo.

– Meu Deus – pensou –, vou precisar de um caderno e de um lápis.

Na hora do almoço, contou tudo a sua mãe, que ficou muito contente e lhe prometeu que, se houvesse a permissão, faria todo o possível para lhe arranjar o material. Terminaram de comer e João Pedro correu para a calçada à espera do garoto. Estava um pouco aflito e os segundos demoravam uma eternidade para passar. De repente, a perua surgiu no começo da rua e seu coração começou a bater mais forte.

Murilo desceu e veio em sua direção. Disfarçadamente, apanhou o pacote de figurinhas, percebendo que deveria conter menos do que lhe havia entregado.

– Eu perdi algumas no bafo – disse ele. – Não sei jogar direito.

– Eu lhe arrumo mais e vou lhe ensinar alguns truques para você ganhar.

– Você faz isso?

– Faço. E você? Falou com sua mãe?

– Falei.

– E então?

– Tudo certo. Talvez possamos começar hoje às três horas da tarde, depois que eu fizer a minha tarefa de casa.

– Quer dizer que sua mãe concordou?

– No início, ela não queria deixar, mas depois eu a convenci de que, se eu lhe ensinasse, estaria estudando mais e quem ensina, aprende melhor. Daí ela quis saber quem você era e quando eu lhe disse que era filho de dona Dirce, deixou. Mas terá que ser lá nos fundos do prédio. No banco.

– Tudo bem, mas tenho que arrumar um caderno e um lápis.

– Não se preocupe. Mamãe vai me dar um dinheiro para eu comprar para você.

– Verdade?

– Isso mesmo. Hoje, antes de começarmos, iremos à papelaria lá da esquina para comprar.

– Muito obrigado, Murilo, e até às três horas. Enquanto isso, vou procurar mais figurinhas para você.

– Mamãe não pode saber sobre as figurinhas.

– Fique tranquilo.

Partiu, então, em busca de outros maços de cigarro e caprichou mais ainda no corte das figuras. Às três horas, Murilo apareceu e foram até a livraria, onde o menino lhe comprou um caderno com linhas, um lápis...

– Meu Deus! – exclamou João Pedro quando o, agora, amigo lhe comprou também uma borracha e um apontador, e ainda lhe pediu para que escolhesse a cor, e em seguida, lhe disse que começariam as aulas no dia seguinte.

Já estava escurecendo quando Dirce o chamou para irem embora e, quando o garoto lhe contou sobre as compras, ela, apanhando o caderno, o lápis, a borracha e o apontador nas mãos, não conseguiu conter as lágrimas e o abraçou carinhosamente. E naquela noite, depois de fazer a comida para levarem no dia seguinte, apanhou um retalho de tecido de cor bege e, com uma agulha e uma linha, confeccionou pequena sacola, com alça e tudo, para que ele pudesse colocar o material escolar a fim de protegê-lo.

– João Pedro – disse-lhe –, antes de começar a estudar com o Murilo, lave bem as mãos naquela torneira dos fundos e as enxugue neste pedaço de pano que você deverá ter sempre no bolso, a partir de agora. E entregou-lhe um outro retalho que, orgulhoso, colocou no bolso da calça. Era o seu primeiro lenço.

E o garoto nem conseguiu dormir direito naquela noite. Ia aprender a ler, a escrever e, quem sabe, a fazer contas.

* * *

Em seu primeiro dia de aula nem conseguia pegar no lápis. Murilo, antes de começar, fez com que ele fizesse círculos num pedaço de papel, sem tirar o lápis da folha, até que se acostumasse a manejá-lo.

Depois, lhe falou sobre as vogais *a*, *e*, *i*, *o*, *u* e, escrevendo-as numa linha do caderno, pediu-lhe para que tentasse copiá-las, em seguida uma das outras. "Desenhou" uma página inteira e depois as escreveu sem a sequência, para que tentasse pronunciá-las. Aprendeu rápido e recebeu elogios. E, assim, por duas semanas o pequeno professor foi lhe ensinando algumas palavras, explicando que são formadas por divisões que ele chamava de sílabas. Que, por exemplo, o "*p*" mais o "*a*" era "*pa*"; que o "*t*" mais o "*o*" era "*to*" e que juntando as duas sílabas, formavam a palavra "*pato*". E foi lhe ensinando outras tantas.

Daí, vieram os números. Murilo ensinava duas horas por dia e sua mãe até estava gostando. Tanto que lhes trazia um sanduíche e um copo de leite para cada um, depois de uma hora de estudo. E Murilo lhe ensinou que esse intervalo era chamado de recreio. Alimentavam-se, brincavam um pouquinho com as figurinhas e voltavam à aula. João Pedro aprendia rápido e Dirce sentia-se muito orgulhosa quando o filho já lhe mostrava saber ler alguma palavra.

Um dia, a mãe de Murilo lhe deu de presente um pequeno livro que se chamava "*tabuada*". Em alguns dias já a sabia de cor, pois, incansavelmente, a estudava na calçada.

Após um ano, já conseguia resolver alguns problemas de aritmética, somando, subtraindo, dividindo e multiplicando. Tabuada na cabeça, tornou-se bom nas contas e no raciocínio. Também aprendeu um pouco de história do Brasil. E lia tudo o que via pela frente: placas, letreiros, pedaços de jornal e os nomes dos maços de cigarro com os quais ainda fazia as figurinhas.

Porém, mais quatro anos se passaram, e Murilo e os pais se mudaram para uma cidade do interior do

Estado. Foi uma grande tristeza essa separação, pois haviam se tornado grandes amigos. Na verdade, o grande e único amigo que o pobre menino tivera até então.

Nessa época, já contava com quase treze anos de idade e já era bastante capaz porque muito havia aprendido com Murilo, que era estudioso e sempre interessado em aprender coisas novas.

Passou alguns dias muito triste até que lhe surgiu uma grande oportunidade.

Quando seu Manuel, dono de um armazém de secos e molhados, ali perto, soube que ele sabia ler, escrever e fazer contas, falou com sua mãe, dizendo-lhe que estava precisando de um rapaz para trabalhar para ele e que ficara sabendo pela mãe de Murilo, antes de ela partir, quem ele era e esta lhe pedira para que, se porventura houvesse uma vaga, o procurasse. Dirce, às vezes, comprava alguma coisa lá.

E João Pedro se sentiu importante quando a mãe lhe contou a novidade, principalmente porque, enfim, poderia ajudá-la nas despesas. Sentiu-se o homem da casa.

III

Seu Manuel

– Bom dia, seu Manoel.

– Você é o João Pedro, não?

– Sim, senhor. Minha mãe me disse que o senhor queria me empregar aqui no armazém...

– Bem, João Pedro, posso experimentar os seus serviços. Soube que sabe ler, escrever e fazer contas.

– Sei, sim, senhor.

– Você já trabalhou em algum lugar alguma vez?

– Nunca trabalhei, seu Manuel, mas gostaria muito. Preciso ajudar minha mãe.

– Melhor assim. Dessa maneira poderei ensiná-lo do meu jeito. Agora, devo lhe prevenir que o serviço de um armazém é um pouco pesado e cansativo. Também não poderá começar atendendo no balcão.

Terá que começar com os serviços mais básicos, pois, assim, irá adquirindo mais experiência para atender os fregueses.

– Entendo, seu Manuel, e farei o que me ordenar.

– O salário também não será muito, mas com esforço poderá ganhar mais. É com merecimento que se sobe na vida.

– Qualquer salário estará bom, senhor. Na verdade, nada tenho que fazer.

– Estamos combinados, então. Seu horário de trabalho será das oito horas da manhã até as seis horas da tarde. Quando quer começar?

– Se o senhor desejar, agora mesmo.

– Assim é que se fala, mocinho. Entre aqui. Apanhe aquela vassoura e comece a varrer. Depois, terá que espanar as prateleiras. Use aquela escada para limpar os produtos lá do alto. Pode começar.

Que felicidade sentiu João Pedro quando apanhou a vassoura e começou a varrer! E quando os primeiros fregueses entraram, sentiu-se orgulhoso de ser um trabalhador do armazém.

Varreu tudo muito bem e começou a espanar, tomando cuidado para não derrubar nada e fazendo questão de limpar produto por produto, até indo mais além: pediu a seu Manuel que lhe fornecesse um balde com água e um pedaço de pano, com o qual passou a limpar as tábuas das prateleiras, chegando a perceber que o homem o olhava de soslaio e parecia muito satisfeito.

Passou toda a manhã limpando. Quando terminou, já eram mais de onze horas.

– Pronto, seu Manuel – informou, após guardar os apetrechos de limpeza – Terminei. Espero que esteja de seu agrado.

O homem examinou as prateleiras, o balcão, e fez um sinal afirmativo com a cabeça.

– Está bom, João Pedro.

– O que faço agora?

– A que horas almoça com sua mãe?

– Às onze e trinta, seu Manuel.

– Então, você já pode ir, garoto. Almoce e esteja de volta às treze horas.

– Sim, senhor – respondeu-lhe, satisfeito.

– Ah, a propósito, pretendo lhe pagar semanalmente.

– Como assim? – perguntou, pois não havia entendido direito.

– Vou lhe pagar todos os sábados à tarde.

– Está bem, senhor.

– Basta que você divida por quatro o salário que

combinamos e esse será o valor que lhe pagarei todos os sábados.

João Pedro foi almoçar com a mãe e antes do horário combinado já estava chegando ao serviço, juntamente com seu Manuel, que morava numa casa ao lado do estabelecimento. Um outro senhor, seu Ambrosino, empregado antigo, havia ficado para ele ir almoçar.

– João Pedro – chamou-lhe, então, o patrão.

– Sim, senhor.

– Quando o ponteiro daquele relógio marcar treze horas, você vem falar comigo. Conhece horas?

– Conheço, sim.

– Muito bem. Quero que entre e saia no horário. A menos que haja algo de muita importância para você fazer e aí terá que ficar mais um pouco.

Quando o ponteiro apontou para a hora combinada, seu Ambrosino saiu para o almoço e João Pedro foi ter com o patrão.

– Venha até aqui, garoto – disse-lhe, indicando um pequeno cômodo nos fundos do armazém. Lá havia uma grande quantidade de batatas. – Este será outro dos serviços a ser feito, toda vez que eu receber um carregamento. Veja esta batata.

– Sim.

– Ela está pronta para ser vendida. Agora, veja

esta outra. Ela possui estes pequenos brotos verdes. Você terá que tirá-los assim.

Dizendo isso, demonstrou como deveria ser feito, através de uma compressão com o polegar.

– Entendeu?

– Sim, senhor.

– Depois de retirados os brotos, você vai colocando nestas caixas. E os brotos, neste balde. Certo?

– Certo, senhor.

– Isto vai lhe tomar boa parte da tarde.

– Tudo bem.

– Faça isso em algumas para eu ver.

Depois de João Pedro lhe demonstrar, deixou-o a sós com o serviço que, com muito empenho, conseguiu terminar por volta das dezesseis horas. Nesse momento foi que percebeu que seus polegares se encontravam recobertos de uma fina camada verde e se encontravam bastante doloridos. Mas encontrava-se muito satisfeito. E até às dezoito horas realizou um trabalho com o qual muito se identificou. Era quase que uma diversão para ele. Num grande rancho, no quintal do armazém, havia muitas caixas de madeira que se encontravam danificadas, algumas despregadas e outras faltando pedaços de madeira. Seu Manuel entregou-lhe alguns pacotes de pregos e um martelo, e o garoto se entreteve em consertar ou montar algumas que ia empilhando debaixo de um pequeno rancho. Essas caixas eram utilizadas para se entregar compras para fregueses.

E tão entretido se encontrava, que até se assustou quando o patrão lhe informou que já eram dezoito horas, que ele podia ir e que voltasse no dia seguinte no mesmo horário. João Pedro, então, lavou as mãos e saiu por uma das duas portas que já estavam sendo fechadas por Ambrosino. O armazém, propriamente dito, não mais funcionava após as dezoito horas, mas uma das três portas, a do canto direito, permanecia aberta para que seu Manuel pudesse atender a trabalhadores que ali passavam para tomar um trago de bebida antes de irem para casa. Seu Ambrosino não ficava também. E quando já se encontrava na calçada, a poucos metros do estabelecimento, ouviu que o chamavam pelo nome. Olhou para trás e seu Manuel, sorrindo, lhe disse:

– Está se saindo bem, garoto. Continue assim.

– Obrigado, seu Manuel. Até amanhã.

– Até amanhã, João Pedro.

Quando chegou no edifício em que a mãe trabalhava, ela já o esperava na calçada. Abraçou-o e já foi perguntando:

– E, então, filho, está gostando do serviço?

– Muito, mamãe. Seu Manuel me disse que estou indo muito bem.

– Estou muito orgulhosa de você, João Pedro.

E durante todo o trajeto, o garoto foi lhe contando o que fez e descrevendo tudo o que havia naquele armazém. Naquela noite dormiu muito bem. Na verdade, dormiu como se, de repente, tivesse se transformado num homem ou, pelo menos, num moço. No seu pensamento ainda juvenil, via-se como alguém detentor de muita responsabilidade, trabalhando para ajudar no sustento seu e de sua mãe. E não era para menos. Com o dinheiro que iria ganhar, daria para pagar o aluguel daquele quartinho e ainda sobraria algum trocado para juntar ao que a mãe ganhava com o serviço de limpeza no edifício.

O tempo foi passando e ele foi se tornando alguém da confiança de seu Manuel, que já o permitia atender no balcão e fazer o troco. Também solicitava que o ajudasse na escrituração da entrada e da saída das mercadorias e fizesse as notas fiscais, quando necessário. E o tempo havia se passado: já estava com dezessete anos de idade.

Manuel era um homem muito bom para com ele, assim como seu Ambrosino, com o qual muito aprendeu a respeito dos serviços do armazém. Tão bom a ponto de os acolher, a ele e à mãe, quando o dono do quartinho em que moravam pediu para que o desocupassem, alegando ter que utilizá-lo, agora, como moradia da filha que ia se casar. E seu Manuel permitiu que habitassem um pequeno quarto que havia no quintal do armazém, lhes cobrando a metade do que eles pagavam pela moradia anterior. Antes de para lá se mudarem, João Pedro e Dirce compraram um pouco de cal e, depois de prepará-la convenientemente, pintaram todo o cômodo, por dentro e por fora.

Já havia algum tempo também, que eles já não se vestiam mais com andrajos. Desde que Dirce começara a trabalhar como faxineira, a bondosa senhora que a empregou, sempre lhes arrumava roupas usadas e já conseguiam comprar sabão para o banho. E depois que João Pedro começou a trabalhar, com um pequeno aumento no ordenado, já podiam se dar ao luxo de, vez ou outra, comprarem algum tecido e pagarem para uma velha costureira confeccionar vestido para a mãe e calça e camisa para ele, isso muito raramente, porque ganhavam sempre peças usadas. Dirce, agora mais bem arrumada e limpa, se transformara em uma mulher muito bonita e, apesar de sua pobreza, sempre tivera alguns cuidados com a higiene pessoal, imitada sempre pelo filho.

Na verdade, o adolescente, sempre preocupado com a mãe, gostava mais quando ela se vestia mais pobremente, com os cabelos em desalinho porque, agora, já percebia alguns olhares de interesse por parte dos homens. Nessa ocasião, talvez pelo serviço pesado que realizava no armazém, se transformara num rapaz fisicamente forte e, com isso, e com um olhar nada amigável, conseguia fazer com que tudo não fosse além daqueles olhares de cobiça. E, de certa forma, sentia-se tranquilo, porque ela nem levantava os olhos quando caminhavam até o seu emprego e voltavam dele. E João Pedro fazia questão de acompanhá-la nesses dois trajetos. Não queria mais que ela se envolvesse com homens, por causa da violência de seu pai.

Mas era impossível evitar os olhares dos homens que se encontravam no balcão do improvisado bar do armazém, quando voltavam do trabalho da mãe. Até alguns comentários o rapaz ouvia. Certa feita, seu Manuel achou ruim com um dos costumeiros fregueses que dissera aos outros que era uma pena que João Pedro não a deixasse sozinha por nenhum minuto. Ele disse para o homem:

– Tércio, não quero que se meta a besta com essa mulher ou com seu filho. Nem pense, porque se fizer alguma coisa, vai ter que se haver comigo.

– Estava só brincando, Manuel. Só brincando.

– Pois acho muito bom!

E um outro ainda replicou:

– Ora, Manuel, você, por acaso, é protetor desses dois?

– Sou, sim. Por quê?! Qual o problema?! São meus protegidos, sim!

O rapaz, que havia ouvido a conversa, pensou que fosse haver uma discussão e já se preparava para voltar, quando esse outro homem, com receio, resolveu pôr um fim à questão.

– Não há problema algum, Manuel. Acalme-se.

Particularmente, não gostava nada desses fregueses da tarde, principalmente de Tércio. Era um homem rude, de uma aparência que, na sua maneira de considerar a beleza humana, achava-o uma criatura asquerosa, principalmente pela enorme cicatriz a lhe percorrer o lado esquerdo do rosto, provocada, pelo que ouviu dizer, por uma briga na qual fora ferido por uma faca. Ele costumava trazer uma delas presa numa bainha em sua cinta. Seu cabo possuía estrias brancas e pretas, talvez de madrepérola.

IV

Seu Ubaldo

Decorridos alguns meses, após ter acompanhado a mãe até seu trabalho, João Pedro se encontrava sentado na soleira de uma das portas do armazém, aguardando seu Manuel chegar para abri-la, quando, de repente, ouviu uma voz ao seu lado.

– Bom dia, meu bom rapaz.

Virou-se e se deparou com um senhor de idade avançada, em pé, sorrindo. Era um homem de estatura média, vestido de maneira bem humilde, com barba e cabelos grisalhos, usando um chapéu de feltro, de abas largas.

– Bom dia, senhor. Posso ajudá-lo? O armazém vai ser aberto daqui a uns quinze minutos.

– Você trabalha aqui?

– Trabalho, sim, senhor.

– Estou um pouco cansado. Posso me sentar ao seu lado?

– Por favor – respondeu-lhe, afastando-se um pouco, cedendo um espaço a ele.

Havia mais duas soleiras, mas o homem sentou-se ao seu lado. Hoje, mais conhecedor a respeito de "certas coincidências", compreende o que aconteceu naquele dia e quem era aquele homem, mas naquela época, tudo lhe foi muito surpreendente. Primeiro, porque aquela figura lhe trouxera muita paz com a sua presença e, também, porque se expressava de uma maneira que, sem nenhum traço de autoridade ou prepotência, fazia com que ele o encarasse com muito respeito e até com grande confiança, quase hipnotizado por suas palavras. Chegou a pensar que se tratasse de um fantasma, não fosse o fato de ele ter lhe apertado a mão, em cumprimento, antes de se sentar.

– Meu nome é Ubaldo, e o seu, meu bom rapaz?

– João Pedro.

– Sabe, João Pedro, tenho andado por este mundão de Deus e aprendi muitas coisas, apesar de minha ignorância e de minha pobreza. Já trabalhei bastante e hoje sou apenas um viajor da vida.

– O senhor viaja a pé? – perguntou-lhe.

– A pé ou por outros meios que estiverem ao meu alcance.

– O senhor já se alimentou hoje?

– Ainda não, mas me encontro sem fome.

– Posso lhe arrumar alguma coisa. Um pedaço de pão, uma xícara de café. É o que tenho no momento. Também sou pobre. Eu e minha mãe.

– Você mora com sua mãe...

– Sim. Mamãe é viúva e moramos nos fundos deste armazém, onde trabalho. Minha mãe é faxineira de um prédio.

Nem sabia por que falara de coisas particulares a ele. Afinal de contas, o tinha conhecido naquele instante, mas sem aperceber, começou a falar de sua vida, até que ele, educadamente, o interrompeu:

– Um momento só, João Pedro. Sei que logo terá de começar o seu trabalho e preciso lhe dizer algumas palavras, e não temos muito tempo para conversar.

– O senhor precisa me falar? – perguntou-lhe, sem nem se atinar com o porquê daquilo. O ancião parecia dominar sua mente e seus pensamentos. – O que deseja me falar?

– Bem, garoto, o que eu vou lhe dizer, já disse a muitas outras pessoas e agora preciso dizer a você. Na verdade, gostaria de lhe dar alguns conselhos.

– Estou ouvindo, senhor.

– O que quero lhe aconselhar é que nunca tenha o pensamento de pagar o mal com o mal e, por mais que venha a ter um grande sofrimento, não se esqueça de que Deus sabe o que é melhor para a nossa vida, para o nosso aprendizado e para a nossa evolução. Se formos bons, Ele cuidará do nosso futuro, sobre o qual não devemos nos preocupar muito. Que procure fazer sempre o bem e não se esqueça nunca de que, por menos que tenhamos de possibilidades materiais, sempre haverá uma maneira de auxiliar o próximo, seja dividindo o pouco que temos, seja através de nossas palavras e de nossos gestos de carinho.

– Por que está me dizendo isso? O senhor sabe de alguma coisa sobre mim?

– Não, mas não quero que se preocupe exageradamente com as posses, meu jovem. Faça o bem e, por consequência, Deus cuidará de você. E gostaria de lhe dizer mais alguma coisa: diante de qualquer dificuldade, procure seu Ambrosino. Ele é um bom homem e sabe de coisas que você nem imagina.

– Seu Ambrosino? O senhor o conhece? Daqui a pouco estará chegando para trabalhar.

Nesse momento, a porta do armazém se abriu por dentro. Era seu Manuel que, vendo-os, cumprimentou-os, no que foi correspondido pelo velho. João Pedro se levantou para ajudar seu Manuel com as outras portas, mas assim que terminou de erguer-se, distanciando seu olhar por alguns segundos, não pôde acreditar no que acontecera. Simplesmente, o homem sumira. Olhou para os dois lados da calçada, chegando mesmo a dirigir-se até o portãozinho de entrada da casa de seu Manuel, mas nada! O homem se evaporara.

– Seu Manuel!

– Sim, João Pedro.

– O senhor não viu um senhor aqui, comigo?

– Sim. Quem era?

– Ele sumiu.

– Sumiu? Como? – perguntou, interessado, vindo até a porta.

– Ele sumiu, seu Manuel.

O homem saiu para a rua e, nesse momento, como seu Ambrosino vinha subindo em direção ao armazém, pediu-lhe:

– Garoto, corra até o Ambrosino e lhe pergunte se não viu alguém descendo por aquela calçada; vou correr até a outra esquina.

João Pedro foi rápido, mas seu Ambrosino não havia visto ninguém e nem seu Manuel que, ao voltar, entrou em sua casa pelos fundos para examinar se não havia entrado alguém. O garoto também foi até lá para verificar se a porta do quartinho onde moravam ele e sua mãe estava bem trancada. Era por ali que eles entravam.

– Mas não é possível – exclama seu Manuel! – Como pode um homem desaparecer desse jeito? Você o conhece, João Pedro?

– Não, senhor. Nunca o havia visto antes.

– E o que ele queria?

– Apenas sentar-se e descansar. Ofereci-lhe um café e um pedaço de pão, mas não quis. E ficamos ali sentados – respondeu, omitindo o teor da conversa que tivera porque lhe parecera muito estranho, mas não pôde conter a curiosidade e perguntou a Ambrosino:

– Ele me disse que se, algum dia, eu precisasse de um conselho, que falasse com o senhor, seu Ambrosino.

– Comigo?

– Sim. Falou-me que o senhor é um bom homem e que sabe de coisas que eu nem imagino.

– Como é o nome dele?

– Disse chamar-se Ubaldo.

– Ubaldo de quê?

– Não falou.

– Você o conhece, Ambrosino? – perguntou-lhe seu Manuel.

– Não tenho a mínima ideia. Mas ele falou meu nome, garoto?

– Falou.

– Você já lhe tinha dito?

– Não, senhor.

– Bastante estranho. Não conheço ninguém com esse nome.

– Mas ele sabe o do senhor. Agora, poderia me dizer o que é que o senhor conhece a respeito de coisas que eu nem imagino?

Seu Manuel foi quem respondeu:

– Ambrosino é espírita, João Pedro e, com certeza, sabe de coisas que não conhecemos. Afinal de contas, não seguimos essa religião.

– Espírita? O senhor fala com os Espíritos? Eu nunca soube. Mas não é pecado?

– Por favor – interrompeu seu Manuel –, depois vocês conversam a esse respeito. Agora, temos que trabalhar. E, sabe, garoto, realmente, Ambrosino poderá lhe ensinar muita coisa de bom. E esqueça essa história de pecado porque Ambrosino, para mim, é um verdadeiro santo e pecado só existe quando alguém faz mal para outra pessoa. E, pelo que sei, no Centro Espírita que Ambrosino frequenta, as pessoas fazem muito trabalho de auxílio aos pobres e não vejo mal nenhum nisso. São pessoas boníssimas. Vejo pecado, sim, em quem pode ajudar os necessitados e não faz nada. A minha parte eu venho fazendo, não é, Ambrosino?

– Sim, senhor. Seus donativos são de muita importância.

– E ninguém precisa ficar sabendo que eu ajudo o Centro, hem, garoto?

– Não falo nada, patrão.

– Pois então, vamos trabalhar. Mas que diacho! Como pôde aquele homem desaparecer como uma fumaça? Será que nós vimos um Espírito?

– Não pode ser – respondeu João Pedro. – O homem me deu a mão. Era de carne e osso.

V

Uma tragédia

Mais alguns meses e...

– Eu vou matar você, assassino! Vou matá-lo! Não vai me escapar! Não vai! Nem as grades irão livrá-lo de minha vingança!

– Acalme-se, João Pedro. Ele vai apodrecer na cadeia, se isso for um consolo para você – diz seu Manuel que, juntamente com um outro homem, seguram o adolescente a duras penas, pois suas forças se encontravam duplicadas pelo ódio que estava sentindo.

– Soltem-me! Soltem-me! Vou matá-lo agora! Com minhas mãos!

– Foi um acidente! Foi um acidente! – gritava Tércio, o homem da cicatriz, com um filete de sangue a lhe escorrer pelo canto dos lábios, já bastante inchados pelo soco que João Pedro havia lhe desferido segundos antes da morte de sua mãe Dirce.

– Cale a boca, seu desgraçado! Você tentou me esfaquear e matou minha mãe!

– Vamos levá-lo daqui – ordenou um dos policiais que segurava o assassino. – Vamos levá-lo para a cadeia.

– Podem levá-lo! Levem-no! Mas ele é um homem condenado à morte! Eu juro! Eu juro por minha mãe! – gritou, começando a chorar de tanto ódio e desejo de vingar a morte da mãezinha. Acabou perdendo as forças com tanta emoção, e seu Manuel amparou-o até o solo para que se sentasse. Era um sábado à noite e João Pedro e a mãe se encontravam no quintal do armazém onde moravam no pequeno quarto, que lhes servia também de cozinha, com um banheiro separado. Dirce se encontrava estendida no chão e duas senhoras, juntamente com dona Adalgisa, esposa de seu Manuel, discutiam a melhor maneira de levá-la para dentro a fim de prepará-la convenientemente para o velório. João Pedro estava sem coragem de chegar até ela. Até que, num arroubo, saltou de onde se encontrava e, abraçando-a, começou a lhe implorar para que não se fosse ou para que voltasse dos braços da fria morte que a havia separado dele. Nesse momento, chegaram mais dois policiais para tomar seu depoimento e de duas testemunhas que, ouvindo a gritaria, correram do armazém para o quintal no momento exato em que Tércio praticava o seu crime.

– Gostaria de tomar o depoimento do filho da vítima – pediu um dos policiais a seu Manuel.

– Precisa ser agora? Ele está muito chocado e fora de si.

– Tem que ser agora. Quanto mais cedo melhor.

– João Pedro, por favor, o policial quer falar com você.

O adolescente levantou-se lentamente, dirigindo-se até onde estavam.

– Sente-se aqui – convidou o homem, indicando-lhe uma das duas cadeiras ali colocadas e sentando-se em outra, defronte dele. – Seu nome é João Pedro...?

– Do Nascimento, senhor.

– Pois bem, rapaz. Conte-nos tudo o que aconteceu.

O rapaz enxugou as lágrimas e iniciou a narrativa:

– Eu e mamãe já tínhamos jantado e fui até uma farmácia comprar um analgésico para ela, pois estava com dor de cabeça. Essa farmácia é um pouco distante e levaria cerca de quase uma hora para ir e voltar. Quando estava saindo pela porta do bar do armazém, esse sujeito, de nome Tércio, me perguntou aonde eu ia com tanta pressa e eu, inocentemente, lhe disse. E esse canalha deve ter-se aproveitado de minha ausência para investir contra minha mãe. Na verdade, ele estava sempre olhando maliciosamente para ela, apesar de ela nunca ter dirigido seu olhar para ele. Mamãe era muito recatada e eu sei disso porque ela sempre saía acompanhada por mim. Eu a levava e ia buscar todos os dias em seu trabalho.

– Isso é verdade – afirma seu Manuel.

– Por favor, senhor, deixe somente o moço falar.

– Desculpe-me.

– Continue, meu rapaz.

– Bem, fui até a farmácia, comprei o remédio e voltei imediatamente. E foi quando tudo aconteceu. Assim que cheguei perto daquele quarto onde moramos, ouvi gritos abafados. A porta estava entreaberta e entrei. Foi quando flagrei aquele animal tapando a boca de minha mãe para que não gritasse e estava tentando lhe tirar a roupa. Aí eu gritei para que parasse, ao mesmo tempo em que o puxei pelo ombro, trazendo-o meio cambaleante para o centro aqui do quintal. Ele ainda tentou partir para cima de mim, mas desferi-lhe um soco que o apanhou em cheio na boca. Nesse exato momento, minha mãe tentou me segurar, porque eu já estava para lhe bater novamente e ela sabia a força que eu tenho. E foi aí que essa tragédia aconteceu. Nessa tentativa de ela me conter, o desgraçado, nesse segundo de trégua, sacou de uma faca que mantinha na cintura e, fortemente, tentou me atingir a barriga, somente não o conseguindo porque mamãe, minha pobre mãe, colocou seu corpo na minha frente.

Nessa hora, não conseguiu mais se conter e foi novamente às lágrimas. Sua mãe o havia salvado da morte.

– Muito bem – disse o policial, parecendo encerrar a conversa, após anotar algumas frases num boletim –. Alguém mais viu tudo isso?

– Eu e seu Manuel vimos tudo – respondeu Ambrosino – Fomos atraídos pelos gritos da mulher e presenciamos quando Tércio tentou esfaquear João Pedro e acabou por esfaqueá-la. Nesse momento, outros fregueses que se encontravam no armazém correram para cá e pudemos segurar Tércio e conter João Pedro, que queria partir para cima dele.

***

No dia seguinte, o corpo da mulher foi liberado pela polícia e puderam organizar um pequeno velório ali mesmo no quartinho, onde poucos conhecidos estiveram, na verdade, porque mãe e filho tinham pouco relacionamento. A maioria das pessoas que compareceram, para ali rezar, eram curiosos que mais queriam saber como tudo acontecera. À tarde, seu Manuel utilizou sua camionete para levar o caixão até um cemitério, onde, com o oferecimento de seu Ambrosino, realizaram o sepultamento em antigo túmulo de sua família. E foi desse momento em diante que, alicerçado pelas palavras daquele estranho viajante que desaparecera misteriosamente, e dessa atitude tão bondosa, que João Pedro passou a muito admirar seu companheiro de trabalho. E durante todo o sepultamento, ficou a se lembrar do conselho do andarilho que lhe disse para que, mesmo que o pior lhe acontecesse, nunca deveria tentar pagar o mal com o mal, que deveria sempre fazer o bem e que, em qualquer dificuldade, procurasse seu Ambrosino.

Mas o rapaz procurava banir do pensamento essas palavras do andarilho porque, nesse momento, somente sentia muito ódio. Um ódio mortal contra Tércio, o assassino de sua mãe.

– Vou vingar a morte de minha mãe – pensava, enquanto saíam do cemitério, e também bastante preocupado com o seu destino, pois não sabia qual seria a reação dos fregueses de seu Manuel. As pessoas, naquela época, tinham muito preconceito em frequentar lugares onde um crime havia ocorrido. A superstição era muito grande. E temia que o patrão o despedisse para que a sua presença não trouxesse essas recordações. Mas parecendo ler seus pensamentos ou pelo fato de o ver tão preocupado, assim que chegaram ao armazém, chamou-o a um canto, tranquilizando-o:

– Não quero que se preocupe com nada, João

Pedro. Você vai continuar a trabalhar comigo e pode continuar morando lá no quartinho. E, também, não precisa se preocupar com o aluguel e nem em me agradecer por isso. Vou lhe dar um aumento de igual valor ao que eu lhes cobrava por esse aluguel e desconto do seu ordenado.

– O senhor vai me dar um aumento? Já tive um três meses atrás.

– Há tempos você está por merecer um aumento maior. E, assim, não fica a me dever nenhum favor.

– O senhor é muito bom, seu Manuel. Quando disse, há pouco, que eu não deveria lhe agradecer, disse certo, porque eu não teria como agradecer por tanta bondade, a não ser me esforçando mais.

– Você merece. Sabe, João Pedro... sente-se aqui... vamos conversar um pouco.

O rapaz o atendeu e sentaram-se em dois pedaços de tronco de árvore que faziam as vezes de bancos. Seu Manuel olhou-o por alguns instantes e continuou:

– João Pedro, você já está trabalhando para mim há uns cinco anos e tem correspondido plenamente às minhas expectativas. Então, nada mais justo que lhe dar um aumento extra.

– Fico muito agradecido, seu Manuel, mas estou preocupado...

– Preocupado com o quê?

– O senhor não acha que a minha permanência no armazém irá lhe atrapalhar um pouco os negócios? Afinal de contas, todos irão sempre se lembrar do que aconteceu aqui. O senhor entende... a morte trágica de minha mãe.

– Também não deve se preocupar com isso. Ninguém vai deixar de comprar aqui. Afinal de contas, vendemos mais barato que a maioria de nossos concorrentes e o próximo armazém fica distante. As pessoas não levarão nada do que aconteceu em conta. São minhas amigas, gostam de você, do seu atendimento e não deixarão de comprar onde é mais barato.

– Até com isso me preocupo porque não sei se voltarei a ser como era antes. Sinto muito ódio e estou muito revoltado com a vida. Onde estava Deus nessa hora? Por que permitiu que acontecesse essa tragédia com mamãe? Era uma mulher tão boa, tão trabalhadora, tão humilde.

– Não sou muito religioso, João Pedro, mas acredito na existência de Deus e penso que Ele levou sua mãe, talvez, para que não sofresse algo pior no futuro.

– Que algo pior seria? Mamãe somente sofreu em toda sua vida. Sempre foi pobre e passou necessidades. E há muitas pessoas que não passam por essas dificuldades, nunca passaram fome e frio. Por que essa diferença entre as pessoas que as religiões chamam de filhos de Deus? Que pai é esse, seu Manuel? E justamente agora que ela estava vivendo o melhor momento de sua vida. E por que esse assassino fez o que fez? Eu o odeio e vou matá-lo! Eu vou matá-lo!

– Acalme-se, João Pedro, acalme-se. Não sei lhe responder a todas essas questões. O que sei é que você tem toda uma vida pela frente e não deve fazer nada de que possa arrepender-se depois.

– O que sei é que devo fazer tudo para manter esse ódio vivo em meu coração, porque somente poderei matá-lo quando sair da cadeia, apesar de que vou tentar encontrar uma maneira de matá-lo antes disso, nem que seja para invadi-la.

– Esqueça isso. Prefiro que espere que ele saia da cadeia.

– E por quê?

– Simplesmente porque penso que ele terá de passar muitos anos preso e até lá, talvez você já tenha mudado de ideia ou, se não, pelo menos que ele seja um prisioneiro já bem velho e digno de pena.

– O senhor não entende o meu drama, o meu ódio, seu Manuel.

Seu Manuel permaneceu por alguns instantes pensativo e continuou:

– Você sabe que não tenho filhos, não é?

– Sei, sim, senhor.

– Não que não quiséssemos, mas, como nos

disse um médico, a mim e à minha esposa, um de nós é estéril. Nem quisemos saber quem seria. Pronto. E se não podemos, não podemos. Até chegamos a pensar em adotar alguém, mas o tempo foi passando...

– Ainda há tempo, seu Manuel.

– Não, não, já não temos idade para educar uma criança.

– Entendo.

– Além disso, eu e Adalgisa somos filhos únicos. Nem sobrinhos temos.

João Pedro meneou a cabeça afirmativamente, como quem compreende o drama deles, mas para ele, ainda não conseguia ver nenhum drama maior que o seu porque, na verdade, também não tinha ninguém. Talvez um dia, viesse a se casar.

– E uma noite dessas, João Pedro, estávamos conversando eu e ela, e tocamos num assunto que nunca tínhamos tocado.

– Sim...

– É que também não temos nenhum herdeiro.

– Herdeiro?

– Sim. Não que tenhamos muitas posses, mas, enfim, não somos pobres. Possuímos este armazém, a casa, alguns terrenos e quando morrermos não teremos ninguém para ficar com esses bens. Talvez até venhamos a adquirir outros.

– Entendo, mas por que o senhor está falando isso para mim?

– É que eu só possuo duas pessoas que mais estimo na vida. Em primeiro lugar, o Ambrosino, que já trabalha para mim há muitos anos, quase que desde que montei este comércio e, agora, você, que já se encontra comigo há uns cinco.

– Eu lhe agradeço muito por essa consideração.

– Você conhece a família de Ambrosino?

– Não. Já vi sua esposa algumas vezes, e sua filha, quando passa por aqui para ir à escola. Deve ter quase a minha idade. É uma moça muito bonita e bastante recatada.

– Isso é verdade. Uma boa moça. Muito educada e inteligente. O Ambrosino se encontra, também, numa situação parecida com a minha. Nem ele e nem sua esposa, dona Olga, possuem parentes, com a diferença que tiveram a felicidade de terem essa filha, a Lurdes.

VI

Dona Adalgisa

Nesse momento, chegou dona Adalgisa, esposa de seu Manuel.

– Sente-se aqui, Adalgisa – pediu-lhe o homem, indicando-lhe uma espreguiçadeira de ferro, trançada com fios de plástico. – Estou tendo aquela conversa que combinamos, com João Pedro. Adalgisa também gosta muito de você, inclusive a ideia de lhe dar um aumento para que com ele pagasse o aluguel do quartinho foi dela.

– E eu lhe agradeço muito, senhora.

– Meu desejo era o de que não pagasse aluguel, mas para que não se sentisse em dívida para conosco, tive a ideia de sugerir ao Manuel de lhe dar esse aumento. E você merece. Sempre foi muito aplicado nos serviços e tenho uma grande admiração por você, pelo carinho que sempre dispensou à sua mãe. E aproveito a oportunidade desta conversa e do que estou lhe falando para lhe dizer que esqueça esse sentimento de vingança. Não manche com sangue esse amor que ainda existe entre você e sua mãezinha. Com certeza um ato dessa natureza não irá trazê-la de volta, mas, certamente, esteja onde ela estiver, se entristecerá muito, principalmente se vier a ser preso por isso. Nenhuma mãe gostaria de ter um filho assassino.

O rapaz baixou a cabeça, pensativo, mais para não ter que falar nada sobre o assunto. Sabia que ela tinha razão, mas não saberia dizer, naquele momento, se teria forças para continuar vivendo se o ódio e o desejo de vingança não o sustentassem.

– Pense nisso, João Pedro – disse seu Manuel. – Mas quero continuar a lhe falar sobre o que penso.

– Diga, senhor.

– Você já está com quase dezoito anos, não é?

– Completei o mês passado.

– E já pensou em namorar, João Pedro?

– Em namorar?! – perguntou, surpreso.

– Sim – confirma, agora, dona Adalgisa. – Já pensou em namorar?

Olhou para um e para o outro, sem atinar muito com a pretensão daquela pergunta.

– Responda, filho.

– Bem, todo rapaz pensa um dia em namorar, casar, ter filhos, mas... sei lá... nunca encontrei ninguém que me desse... bem, talvez, um olhar nesse sentido... além do mais, quem iria olhar para mim? Estou sempre vestido assim, simples, na maioria das vezes, um pouco sujo por causa do trabalho, despenteado, unhas sujas. Também nunca tive nada a oferecer. Como iria pretender namorar? Além do que, nunca tive muito tempo... sempre ocupado, trabalhando e ajudando minha mãe. Nem nunca saí para passear. Enfim, sou pobre e não tenho diploma nem do grupo escolar. Sei ler, escrever, fazer as contas porque, como vocês sabem, um dia aprendi com um grande amigo.

– O Murilo – completa o homem.

– Sim, Murilo. A propósito, o senhor tem notícias dele, de seus pais?

– Não. Nunca soube mais nada sobre eles.

– Mas... por que o senhor... e a senhora, querem saber se penso em namorar? Claro que nem me passa pela cabeça. Sabe..., na verdade, nunca vi um futuro promissor para mim, a não ser o de sobreviver, não passar fome e, nisso, estão me ajudando muito. O que tenho feito é tentado corresponder o melhor possível a confiança que têm em mim e aproveitado a oportunidade para aprender essa profissão de comerciante, pelo menos no que diz respeito a este tipo de comércio.

– E já aprendeu muito, e muito bem. Tem me ajudado bastante nos cálculos, nos pedidos, pois já tem uma boa experiência em saber o que comprar e quanto comprar. É muito esforçado. E penso que chegou a hora de nos preocuparmos um pouco mais com você, sabe?

– Preocuparem-se comigo? Como assim?

– É muito simples, João Pedro. Eu e Adalgisa resolvemos que, já que não possuímos filhos, deveríamos fazer algo mais por você, pelo seu futuro. Veja bem: não estamos querendo adotar você, não – disse seu Manuel, soltando gostosa gargalhada, no que foi acompanhado por sua esposa. E, voltando rapidamente à seriedade com que falava, continuou: – Apenas queremos fazer de você um homem de bem.

Naquele momento, lágrimas começaram a brotar lentamente dos olhos de João Pedro. Nunca imaginou pudesse, um dia, ouvir algo assim, principalmente dessas duas pessoas a quem ele tanto admirava e procurava servir o melhor possível, numa tentativa de retribuir tudo o que lhe proporcionaram, principalmente à sua mãe. E não teve outra alternativa a não ser enxugar as lágrimas com as mangas da camisa, pois não havia conseguido dissimulá-las. E respondeu:

– Nem sei o que dizer. Penso que nunca serei capaz de lhes recompensar.

– E quem falou em recompensa? Apenas

gostaríamos de fazer algo em seu benefício. Enfim, fazer algo de bom.

– Eu lhes fico muito agradecido, mas...

– Sem nenhum *mas*, garoto. Você está disposto?

– Faço o que desejarem. Na verdade, sempre farei o que desejarem.

– Muito bem. Então vamos começar amanhã.

– Amanhã?

– Amanhã, de manhã, irá comigo até a alfaiataria de seu Cardoso para tirar umas medidas. Iremos mandar confeccionar calças, camisas e um terno.

– Terno?

– Sim, um terno, senão como fará para ir ao cinema?

– Cinema?! Nunca fui a um cinema. Quer dizer, nunca fui dessa maneira, de terno e num filme com artistas. Certa vez, mamãe me levou a uma sessão de desenho animado. Eu deveria ter uns oito anos. Ela pagou meu ingresso e ficou me esperando do lado de fora.

– E daí? Gostou?

– Gostei muito e dei muita risada, mas saí antes de terminar.

– E por quê?

– Fiquei com pena de minha mãe, sozinha lá fora, me esperando.

– Você gostava muito dela, não? – perguntou dona Adalgisa.

– Ainda a amo muito e sinto muita saudade. Penso que minha mãe seja um anjo que nasceu aqui na Terra.

A mulher enxugou os olhos, já marejados, ao ouvir essas palavras. Nunca em sua vida havia ouvido algo assim e, na verdade, uma profunda demonstração de amor filial. Como gostaria de ter tido um filho e sido amada dessa maneira por ele. E João Pedro completou seu pensamento com palavras que em muito deixou o casal preocupado.

– Um anjo que um demônio, em forma de homem, tirou a vida.

E suas mãos se fecharam, crispadas, numa indisfarçável e profunda revolta, reflexo de seu ódio e desejo de vingança. Dona Adalgisa, então, resolveu mudar o rumo da conversa:

– Bem, João Pedro, quanto ao terno, não há o que se discutir. Você terá de ter um e disso não abro mão.

– Nunca usei um terno. Penso que ficarei um pouco envergonhado.

– Sempre há uma primeira vez na vida. Para

tudo. E estamos combinados. Iremos amanhã de manhã.

– Mas tenho que trabalhar...

– Quando voltar, fará o serviço – disse seu Manuel.

– E teremos que comprar um par de sapatos para sair e um par de botinas para trabalhar. Não quero mais vê-lo com esse sapato caindo aos pedaços.

João Pedro olhou para os pés e verificou que ela tinha razão. Eles estavam muito ruins, de verdade.

– Ah, ia me esquecendo – interrompeu o homem, seus pensamentos –, a propósito de sua educação, ouvi dizer que existe agora um curso à noite no qual em pouco tempo poderá conseguir um diploma ginasial.

– Um diploma ginasial?!

– Isso mesmo, é um tal de curso... como se chama, Adalgisa?

– Madureza.

– Isso. Madureza. E se precisar pagar, eu pago para você. Se quiser, é lógico.

– Quero sim – respondeu, apesar de não saber do que se tratava e pensando: Um diploma de ginásio? Meu Deus! Como gostaria que mamãe estivesse vendo tudo isso.

E, nesse momento, o ódio lhe voltou à mente.

Não fosse por esse assassino, sua mãe estaria ali naquele instante ouvindo-os. Onde será que ela poderia estar? E completou a sua resposta: – E vou me esforçar bastante.

– Então, estamos combinados. Vou procurar saber mais sobre esse curso.

– Vamos sair bem cedo amanhã, João Pedro – diz dona Adalgisa – Agora, penso que está na hora de nos recolhermos. Estamos muito cansados.

Os três se levantaram e João Pedro não pôde se conter:

– Seu Manuel e dona Adalgisa...

– Pois não...

– Se me permitem, gostaria muito... – e, dizendo isso, tomou as mãos dos dois e as beijou, com as lágrimas novamente banhando sua face.

Os dois puseram as mãos sobre seus ombros e foi ela quem lhe disse, carinhosamente:

– Você faça por merecer, João Pedro, e já nos estará agradecendo em muito. A mim, ao meu marido e à sua querida mãezinha, que Deus irá permitir que saiba de tudo e que o abençoe sempre.

João Pedro não conseguiu pregar os olhos naquela noite. Pensamentos os mais diversos desfilavam em sua mente. Seu Manuel e sua esposa estavam lhe oferecendo grande ajuda para que ele conseguisse ser alguém na vida. Mas para quê?, pensava ele. Sua mãe estava morta e o que ele mais desejava era, realmente, vencer na vida, mas com o único intuito de lhe proporcionar uma vida tranquila e sem mais nenhum sofrimento. Por que Deus a levara? E dessa maneira? Por alguns minutos, a ideia de pôr um fim à própria vida lhe invadiu a mente, pois, quem sabe, com a morte não conseguiria encontrá-la? Mas, não! Não poderia abandonar a ideia da vingança. E, pensando bastante, acabou chegando à melhor solução para si: continuaria vivo e faria tudo o que seus dois benfeitores desejassem, deixando que os acontecimentos delineassem o seu futuro. E, como não conseguia dormir, levantou-se e, apanhando uma caixa de papelão no armazém, nela guardou as poucas coisas que pertenceram à mãe. Embrulhou a caixa com muito cuidado e a colocou sobre um pequeno guarda-roupa que tinham. Também teve o cuidado de desmontar a cama dela, encostando as peças de madeira e o colchão em uma das paredes. Sua veneração pela mãe era tamanha que não queria que ninguém, que ali chegasse, viesse a sentar-se em sua cama. Deitou-se mais um pouco até chegar a hora de comer um pedaço de pão com um pouco de café, que ele mesmo faria, e, então, ter com dona Adalgisa a fim de saírem para as compras. Antes, porém, haveria de tomar um banho e vestir uma outra pobre roupa que possuía, mas que se encontrava limpa.

VII

A FAMÍLIA DE AMBROSINO

Algumas semanas se passaram e vamos encontrar Ambrosino, sua mulher Olga e a filha Lurdes sentados à mesa da cozinha. Já terminaram de jantar e estão a beber uma xícara de café e a conversar.

– Quer dizer que seu Manuel e dona Adalgisa estão realmente dispostos a ajudar aquele rapaz, o João Pedro? – perguntou Olga ao marido.

– Estão sim e fazem muito bem. Afinal de contas, não têm filhos e o rapaz bem o merece. É uma ótima pessoa, muito trabalhador, educado e humilde. Tanto que vai levar algum tempo para que ele se acostume com as roupas novas que compraram para ele.

– Eu o vi, papai – disse Lurdes, divertindo-se. – E quando se deparou comigo, ficou vermelho como um pimentão. Coitado. Sabem... tenho muita pena dele. Perder a mãe daquele jeito. E eram muito ligados, sempre juntos. Ele até a acompanhava todo dia ao emprego e ia buscá-la. E sempre alegres. E isso desde que vieram morar nos fundos do armazém. Quantos anos ele tem, papai?

– Seu Manuel disse que ele já tem dezoito anos – respondeu Ambrosino, deixando-se ficar calado por alguns segundos, cabisbaixo e pensativo, com uma pequena ruga de preocupação na testa, tão conhecida por dona Olga e a filha Lurdes.

– O que foi, Ambrosino? Parece preocupado.

– E estou, sim. O rapaz tem tudo para conquistar um bom futuro. Seu Manuel até irá matriculá-lo num curso de Madureza, onde terá a oportunidade de estudar.

– Conheço esse curso, pai. Ele poderá ter um diploma ginasial, não é?

– Sim, e ele é muito inteligente. Vocês sabem. Ele aprendeu a ler, a escrever e a calcular, praticamente sozinho, apenas com a ajuda de um garoto, seu amigo.

– Isso é verdade – concordou dona Olga.

– Mas, infelizmente, não lhe sai da cabeça a intenção de vingar a morte de sua mãe. Conversamos um pouco a semana passada e ele só falou nisso, desabafando seus sentimentos para comigo.

– E o assassino, pai?

– Com certeza vai ser condenado a muitos anos de prisão.

– E isso não é o bastante? – perguntou a garota.

– Para João Pedro, não. Disse que vai matá-lo nem que, para isso, precise esperar pelo tempo que for necessário.

– Mas irá preso se fizer isso.

– Disse isso a ele, mas está irredutível e ainda disse que, se tiver a mínima oportunidade, o fará, antes de Tércio ser solto. Que não sabe se conseguirá ter paciência de esperar pela libertação do homem.

– Meu Deus! – exclamou a mulher.

– O senhor precisa fazer alguma coisa, papai. Por que não lhe dá o caderno?

– Penso que ainda seja cedo. Preciso esperar que ele se acalme um pouco mais. Talvez com os estudos e a convivência com outros moços...

– E seu Manuel? O que diz sobre isso?

– Está muito preocupado. Dia destes, confidenciou-me essa sua preocupação, mas tem esperanças. Acha que quando João Pedro conhecer alguma moça e por ela se apaixonar, talvez as coisas mudem. Pensa que uma namorada venha a lhe tirar essa ideia maluca da cabeça.

– Também penso assim – concordou dona Olga. – Nada como uma mulher para demover um homem desses pensamentos, principalmente quando começarem a conversar sobre planos de se casarem, terem filhos, enfim, uma vida em comum. Com essas ideias, com certeza ele adquirirá responsabilidades que o farão refletir que não valerá a pena seguir adiante com esse propósito e ser preso.

– Até mesmo porque, uma esposa e um filho talvez venham a dividir um pouco o grande sentimento de amor que sempre devotou à mãe. Na verdade, sentimento bastante compreensível, pois que ele, até hoje, somente conheceu o amor e o carinho materno de dona Dirce.

– Mas até que isso venha a ocorrer, papai, seria muito importante que o senhor, seu Manuel e dona Adalgisa o vigiassem e o aconselhassem sempre.

– Isso é verdade. Vou tentar me aproximar mais um pouco dele.

– E quanto àquele homem que conversou com ele e desapareceu depois de lhe dizer que procurasse o senhor quando tivesse alguma necessidade?

– Chamava-se Ubaldo e acredito que era algum andarilho que viemos a socorrer no centro espírita, talvez lhe oferecendo algo para comer ou algum outro auxílio, e que me conhece.

– Pode ser – disse a filha –, mas o que me intriga foi o seu desaparecimento, como o senhor nos contou.

– Realmente, foi um acontecimento bastante intrigante.

– Sabe, papai..., se o senhor me permitir, posso começar a providenciar mais um caderno daqueles. Posso ir copiando num outro.

– Se quiser, à tarde, compro alguns na livraria e você copia. Pelo menos, quando for necessário, já terei mais um à disposição para dar a João Pedro. Só tenho um copiado e já tenho a pessoa certa para dar.

– Esses seus cadernos têm feito verdadeiros milagres, Ambrosino – diz a esposa.

– Não são meus, Olga, você sabe. Ganhei um quando tinha vinte e oito anos e foi o que mudou totalmente minha vida e prometi a mim mesmo, ter, sempre, pelo menos um à mão para dar a quem necessitasse. E você sabe que tenho tido a felicidade de entregar a alguém sempre no momento certo.

– Você é inspirado, papai.

– Tenho certeza disso, creio que quando chega o momento, recebo forte intuição.

– Conte-nos mais uma vez como foi que o senhor tomou contato com esse caderno, papai. Gosto de ouvi-lo falar sobre isso.

– Você sabe que foi o que me levou a abraçar a Doutrina Espírita.

– Sei.

– Bem, eu estava atravessando um momento difícil de minha vida e, um dia, apareceu um homem aqui em casa, pedindo uma esmola e eu lhe dei. Quando ele já estava para ir embora, olhou bem para mim e me disse: "– O senhor deve estar passando por enorme dificuldade, não?" – E eu lhe respondi que sim. Daí, ele me disse que poderia me ajudar. Fiquei curioso em como um andarilho poderia fazer alguma coisa por mim. Na verdade, eu estava passando pelo que se denomina de crise existencial e andava muito deprimido.

– Eu me lembro – disse dona Olga.

– Então eu lhe perguntei o que poderia fazer por mim. E ele me pediu que arrumasse para ele um caderno e uma caneta. Achei estranho tudo aquilo, mas, curioso, lhe levei o que me pedira.

– E ele escreveu tudo aquilo.

– Pediu-me um tempo e, sentando-se na soleira do portão, começou a escrever frases, perguntas e parágrafos em várias folhas e me entregou, dizendo que se o contido naquele caderno me ajudasse, que eu procurasse auxiliar outras pessoas com ele. Que poderia fazer cópias. E foi embora, agradecendo pela esmola.

– E o senhor nunca mais o viu?

– Nunca mais. Na verdade, tive uma sensação muito estranha em sua presença, como se ele não fosse tão real.

– É... o senhor já falou sobre isso.

– Quantos o senhor já distribuiu?

– Para falar a verdade, já perdi a conta, mas creio que mais de trinta.

– Muito mais – disse dona Olga –, muito mais. Eu, mesma, já devo ter copiado mais que trinta. Você, não sei quantos.

– E agora também vou trabalhar nas cópias – falou Lurdes, entusiasmada –, aliás, assim que o senhor me trouxer os cadernos, começarei imediatamente a copiar. Quero que os tenha à disposição, quando quiser dá-lo a João Pedro e a mais alguém. Vou copiá-los bem rápido e não vou parar enquanto não terminar.

– Um dia, quem sabe, poderemos mandar imprimi-los e distribuir à vontade, não? Apesar de que, de minha parte, gosto de copiá-los.

– Eu, também – complementou a mulher.

***

Nesse momento, vamos encontrar João Pedro do lado de fora do armazém, sentado na soleira da porta, observando o movimento das pessoas e dos automóveis que por ali passavam. O comércio já se encontrava fechado e eram quase nove horas da noite. Estava sem sono, apesar do cansaço do trabalho desenvolvido naquele dia, e seus pensamentos se encontravam, como em todas as noites, voltados à sua mãe.

– Como gostaria que mamãe estivesse aqui

comigo – pensava –. Onde poderá estar agora? Será que existe, mesmo, um Céu? Se existir, deve estar por lá. Só pode estar. Uma pessoa tão boa... só sofreu e trabalhou para se sustentar e, mais ainda, para me manter. E logo agora que eu poderia lhe proporcionar uma vida melhor. Seu Manuel e dona Adalgisa têm feito muito por mim e penso que irão fazer mais. Logo mais, no início do ano, começarei a frequentar os estudos e, do jeito que as coisas estão se encaminhando, penso que pretendem me fazer herdeiro do que possuem. Mas, se isso acontecer, não vou me esquecer de seu Ambrosino. Afinal de contas, trata-se de um homem muito bom e que trabalha aqui há muito mais tempo. Além do mais, prontamente, cedeu o túmulo de sua família para que minha mãe ali fosse sepultada.

E desses pensamentos, o moço passou às lembranças. Cerrou os olhos, ficando a recordar toda a sua vida, desde quando dela se lembrava, vivida com sua amada mãezinha. Dos momentos difíceis até aos mais alegres. Recordava-se de como ela era alegre, brincalhona e carinhosa para com ele, sempre procurando levar tudo como uma grande brincadeira. E quando chovia, então? A chuva para os pedintes era um verdadeiro desastre. A marquise sob a qual se localizavam para pedir as esmolas, conforme a força dos ventos, não lhes dava a devida proteção e tinham que se cobrir com um plástico até a altura do pescoço para não ficarem encharcados. E as pessoas passavam com tanta pressa, com o rosto escondido pelo guarda-chuva, que nem sequer os viam, e mesmo que os vissem, não se dignariam por nada em parar e procurar nos bolsos, na carteira ou na bolsa algum trocado para lhes ofertar. E nesses dias chuvosos, se tinham alguma reserva, podiam comer alguma coisa. Se não, passavam fome. Quase sempre, nesses dias, ou prevendo chuva, sua mãe providenciava um pouco de pão, comprando ou ganhando pelo caminho, a fim de não serem surpreendidos.

E nesse momento, lhe vem à lembrança o dia em que, pequeno ainda, com quase cinco anos de idade, aconteceu a maior prova de amor materno que alguém já poderia ter tido em toda a sua vida. Momento esse que, depois de algum tempo, pôde confirmar o que realmente havia ocorrido. Chegou a tocar nesse assunto com sua mãe, mas esta procurou minimizá-lo, numa já esperada reação de humildade, própria das pessoas que fazem o bem pelo simples prazer de fazê-lo, não permitindo nunca que o beneficiado se sinta na condição de devedor eterno.

Era um dia chuvoso e sua mãe apenas tinha conseguido um pedaço de pão para levar. Mesmo com chuva, Dirce preferia levar o menino com ela, pois temia em deixá-lo com Ernesto, seu marido. Este comia alguma coisa com parte do dinheiro que ela lhe dava e gastava o resto com bebidas. Chegara num ponto em que a bebida lhe fazia embriagar-se rapidamente, principalmente pela pequena quantidade de alimento que ingeria, e voltava cedo para casa onde permanecia até o dia seguinte, a dormir. Com certeza, ele não se preocuparia em tomar conta de João Pedro.

Nessa manhã, por causa da chuva, levou o menino ao colo até o local que se costumava chamar de "ponto", para esmolar. Esse "ponto", ela o adquirira à custa de muito permanecer ali e os mendigos costumavam respeitar o local de cada um localizar-se. Nada conseguiu naquele dia, com exceção de uma senhora que, penalizada, comprou um pastel para o garoto. Dirce não comeu nenhum pedaço daquele salgado, alegando a João Pedro que estava sem fome e, ao anoitecer, deu-lhe o pão e um copo com leite que conseguiu no caminho de volta. A propósito, ela sempre procurava seguir por ruas diferentes, mesmo que o caminho se tornasse mais longo, a fim de evitar pedir auxílio todos os dias nos mesmos lugares. E no dia seguinte, a chuva continuou e ela também nada comeu até as quatro horas da tarde, quando começou a sentir-se fraca e por pouco não veio a desfalecer, não fosse por um senhor lhe dar algum dinheiro para que se alimentasse.

E João Pedro, apesar da pouca idade, e imaginando o que poderia estar lhe acontecendo e o sacrifício que sua mãe estava fazendo por ele, abraçou-a com muito carinho, perguntando-lhe, sem parar:

– Mamãe, a senhora está bem? A senhora ainda está com fome? Amanhã, se estiver chovendo, vou pedir para a senhora. Vou pedir bastante.

E lembrou-se de que ela o apertou ao peito e o tranquilizou:

– Mamãe está bem, filho. Mamãe está bem. E, se Deus nos ajudar, amanhã não vai chover.

No dia seguinte, por coincidência, a chuva deu uma trégua e o sol despontou com muito calor.

– Viu, mamãe? Deus nos ajudou.

– E haverá de nos ajudar sempre, João Pedro.

Lágrimas brotaram dos olhos do rapaz ao lembrar-se desse acontecimento que muito o marcou, passando a sentir uma saudade mais forte ainda.

– Um anjo! Um anjo! – pensou – Nisso, Deus foi bondoso comigo. Posso ter sido muito pobre, ter passado fome e necessidades, mas comigo aconteceu algo que não vou me esquecer nunca: eu conheci um anjo. Só pode ser isso. Minha mãe foi e deve continuar a ser um anjo.

Olhou para as estrelas e, não se contendo, perguntou, baixinho:

– A senhora está aí, mamãe? A senhora está aí, não? Tenho certeza que sim. Um anjo é o que a senhora é...

Nesse momento, sua fisionomia se alterou e, baixando o olhar, crispou as mãos e sussurrou, com toda a revolta que pode um coração suportar:

– Um anjo... Um anjo que o cão dos infernos,

personificado, assassinou. Um cão dos infernos que vou devolver ao fogo eterno com minhas próprias mãos.

E, olhando novamente para as estrelas, prometeu:

– Vou vingá-la, mamãe! Vou vingá-la! A senhora aí nas estrelas do Céu e o maldito irá para o inferno.

VIII

O AUXÍLIO DE UBALDO

E lágrimas começaram a molhar novamente sua face. Agora, eram lágrimas de ódio. Num impulso, levantou-se e saiu a caminhar, parecendo carregar todo o peso do mundo em suas costas, somente se detendo quando chegou defronte a uma delegacia onde supunha se encontrar Tércio, aprisionado. A delegacia ocupava quase meia quadra, localizando-se numa esquina, e João Pedro percorreu por várias vezes toda a sua extensão, procurando visualizar, em alguma das altas janelas, um indício da presença daquele que, para ele, não passava de um desprezível ser. Tanto andou que acabou por cansar-se e se recostou em uma parede no outro lado da rua, fixando seu olhar para a porta de entrada do prédio.

– Sei que está aí! – pensou, alucinado. – Sei que está aí e quero que sinta minha presença aqui fora. Quero que sinta medo. Muito medo! Desejo que todas as suas noites sejam povoadas de medo! Medo de mim, que prometi matá-lo! Assassino! Você assassinou um anjo!

Nesse instante, um policial que o vira fazer aquele trajeto por diversas vezes e vendo seu olhar fixo para aquele local, pediu cobertura a um outro que se encontrava de guarda e, atravessando a rua, dirigiu-se até ele.

– Por que está parado aí, rapaz?! E por que ficou a rondar as nossas dependências? Quem é você? Seus documentos, por favor.

Aí, o policial que ficara na cobertura saiu para a calçada a fim de mostrar sua presença.

– Documentos?

– Sim, seus documentos. E me responda rápido: o que está fazendo por aqui?!

– Ele estava me procurando, senhor – respondeu a voz de alguém se aproximando.

Os três voltaram o olhar para quem respondera e João Pedro sentiu um sobressalto quando viu seu Ubaldo, o andarilho, chegar mais perto, dizendo:

– Demorei-me muito, rapaz? Resolvi vir por outro caminho.

– O senhor o conhece?

– É meu neto – mentiu o velho. – Fiquei de

encontrá-lo aqui, mas lhe disse que viria por aquela rua. Esse o motivo de ele ficar andando para lá e para cá. Vamos até minha casa, João Pedro? Não pode ficar andando por aí, com essa caxumba. Eu já tive nos dois lados e não há nenhum perigo de eu me infectar com isso, mas outras pessoas, sim. E caxumba, se não for bem tratada, pode ser fatal. Vocês não chegaram muito perto dele, não? – perguntou o velho para os policiais que, preocupados, começaram a se afastar.

– Só até aí – respondeu o primeiro, mostrando o lugar onde estivera.

– Dessa distância não há perigo de contaminação, mas não se aproximem mais. A gente nunca sabe.

– Vão embora daqui – ordenou o segundo guarda. – E leve esse garoto para bem longe e não o deixe sair de casa por uns quarenta dias.

– É o que pretendo fazer. Venha, João Pedro. Vamos embora – convidou o andarilho colocando suas mãos sobre um de seus ombros.

Afastaram-se e, após uma quadra de distância, o rapaz agradeceu:

– Muito obrigado por intervir, seu Ubaldo. Este é seu nome, não?

– Vejo que não se esqueceu.

– Se o senhor não tivesse chegado, penso que iriam me prender. Ainda não tenho nenhum documento de identidade. Apesar de que se eu tivesse sido preso, talvez pudesse concretizar o meu intento.

O andarilho pareceu ignorar as últimas palavras do moço e, simplesmente, lhe disse:

– É preciso providenciar um documento, meu rapaz.

– Meu patrão e benfeitor disse que irá tomar essa providência a semana que vem. Mas, por favor, senhor, me diga uma coisa: como foi que desapareceu aquela manhã? E por que foi embora tão rapidamente? E por que aqueles conselhos para mim? E o senhor conhece seu Ambrosino? Ele me disse não conhecer ninguém chamado Ubaldo.

– Acalme-se, meu rapaz, acalme-se. Uma pergunta de cada vez. Vou responder a todas elas.

– O senhor vai por este lado?

– Vou acompanhá-lo, sim. Mas qual era a primeira pergunta?

– A primeira pergunta? Ah, sim... Bem... Como foi que desapareceu tão rapidamente?

– Eu não desapareci. Simplesmente fui embora.

– Desculpe-me, mas o senhor sumiu. Até, rapidamente, eu, seu Manuel e seu Ambrosino o procuramos, corremos até as esquinas e...

– Não sei lhe responder, João Pedro. Talvez, deixe-me ver...Ah, sim... Havia um homem passando com uma carroça e penso que caminhei ao seu lado por algum tempo. Ele estava indo devagar. Sim, deve ser isso.

– Não me lembro de nenhuma carroça.

– Havia, sim. E ninguém pode desaparecer, não é?

– É, isso é verdade. Mas por que foi embora? Ia insistir para que comesse alguma coisa.

– Apenas não queria atrapalhar o trabalho de vocês.

– O senhor disse que estava com pressa, mas que, antes de ir embora, precisava me dar alguns conselhos. Disse-me que não devemos pagar o mal com o mal e que, por pior que nos aconteça, Deus sabe o que é melhor para nós, para o nosso aprendizado. Que não devemos nos preocupar em demasia com o futuro e que devemos fazer sempre o bem e deixar que Deus cuide de nós. O senhor parecia estar adivinhando o que estava para me acontecer.

– Adivinhando?

– O senhor sabe o que eu estava fazendo em frente àquela delegacia? Queria descobrir alguma coisa. Talvez, uma maneira de entrar lá e de matar o assassino de minha mãe. Foi por isso que lhe disse que, se porventura tivesse sido preso, talvez tivesse alguma chance de fazer isso.

E, sem que o velho lhe perguntasse, João Pedro

lhe contou tudo o que aconteceu e a morte de sua mãe.

– Sinto muito por você e sua mãe, filho, mas tenho absoluta certeza de que uma vingança não vai resolver nada desse seu problema. Apenas irá piorá-lo para você e sua mamãe, se vier a ser preso por assassinato. Nenhum crime trará sua mãe de volta.

– Sei disso, senhor, mas meu ódio é muito forte. Maior do que qualquer consequência que eu possa ter de suportar.

– Dê um pouco de tempo ao tempo, meu rapaz, e verá que todo esse seu sentimento se amenizará, principalmente quando vier a sentir outro mais forte por alguém.

– Ninguém conseguirá substituir o amor que tenho por minha mãe.

– No futuro verá que não é assim, filho. Com certeza, um dia, virá a conhecer alguém que poderá compartilhar a sua caminhada. Talvez, filhos... Não irão substituir o amor que sente por sua mãezinha, mas virão lhe mostrar que existem outros sentimentos tão nobres quanto o filial.

– Não sei, senhor, não sei e não quero discutir sobre esse assunto. Mas tenho mais uma pergunta a lhe fazer.

– Pois faça.

– O senhor conhece seu Ambrosino?

– Como sabe, sou um andarilho e um andarilho procura conhecer as pessoas boas que moram em cada cidade por que passa. Conheço seu Ambrosino de nome e de renome. Sei que é um homem muito bom e, passando por diversas vezes nesta cidade, nada de estranho em saber onde ele trabalha.

– Mas o senhor me disse que ele sabe de coisas que nem imagino.

– E isso é uma verdade, também. Sei que seu Ambrosino é espírita e por isso deve saber de coisas que nem imaginamos.

– O senhor é espírita?

– Digamos que conheço um pouco dessa doutrina. Na verdade, o bastante para saber que ela prega que se faça o bem ao semelhante e é nisso que seus seguidores mais creem, sabedores de que Jesus ensinou que o melhor caminho para a felicidade é o do amor ao próximo, independentemente de quem seja esse próximo.

– Seu Ambrosino é muito bom. Chegou até a permitir que minha mãe fosse sepultada em um túmulo de sua família.

– Uma atitude de grande desprendimento, meu jovem.

Os dois, então, continuaram a caminhar e, quando já se encontravam nas proximidades do armazém, ouviram uma voz, familiar ao rapaz:

– João Pedro, onde você esteve?

É Manuel que, juntamente com Ambrosino, se encontravam na esquina da quadra.

O velho e o jovem se acercaram dos dois e João Pedro respondeu:

– Estava dando uma volta e me encontrei com seu Ubaldo, aquele que desapareceu naquela manhã.

– Muito prazer, disse Manuel –, cumprimentando o homem e lhe estendendo a mão – O senhor sempre desaparece assim?

– Eu não desapareci. Já expliquei a João Pedro.

– Só pode ter sido do jeito que ele me falou – confirmou o rapaz –, pois ninguém pode sumir, não é? E quanto ao senhor, seu Ambrosino, ele disse que sua fama de bom homem chegou até seus ouvidos e por isso me aconselhou que o procurasse quando tivesse algum problema.

Ambrosino, que não conseguia tirar os olhos do ancião, estendeu-lhe a mão para cumprimentá-lo e o andarilho estendeu a sua. Quando as duas se tocaram, Ambrosino não conseguiu se conter e, num sussurro, exclamou:

– Meu Deus, que sensação estranha!

– O que disse? – perguntou-lhe Manuel, mas antes que ele pudesse responder, o velho respondeu ao cumprimento:

– Muito prazer em conhecê-lo, seu Ambrosino.

– O senhor tem onde dormir esta noite?

– Tenho, sim. Não se preocupe. Aliás, já está na hora de desaparecer – respondeu, brincando. – Uma boa noite a todos e, quanto a você, João Pedro, não se esqueça de tudo o que lhe falei.

– Vou pensar, seu Ubaldo. Vou pensar.

E o andarilho se afastou lentamente, parecendo flutuar, tamanha a delicadeza de seus passos, apesar do som de suas pisadas. E Ambrosino permaneceu extático, observando-o.

IX

João Pedro e Lurdes

Mais algumas semanas se passaram e Lurdes, retornando da escola, onde já estava frequentando o último ano de um curso destinado a formar professores primários, avistou João Pedro defronte de uma vitrina, parecendo interessado em algum produto ali exposto, já que chegou a abaixar-se para melhor examiná-lo.

Realmente, João Pedro estava interessado por algo, na verdade, uma faca.

– Preciso comprá-la, mesmo que não consiga meu intento logo, mas, pelo menos, ela fará com que eu me lembre sempre do que tenho que fazer – pensava o rapaz, referindo-se à sua intenção de vingar a morte de sua mãe. – Ainda não tenho dinheiro suficiente para comprá-la e nem poderia pedir um empréstimo a seu Manuel porque ele iria querer saber o que pretendo comprar com o dinheiro. Mas com o que estou ganhando, logo terei o suficiente.

Ainda um pouco distante, a garota lembrou-se, pelo letreiro, de que se tratava de uma loja de artigos para presente e de caça e pesca.

Sem saber o porquê, sentiu o coração pulsar mais agitado do que normalmente pulsava. E, pela primeira vez em sua vida, chegou a perceber que a expressão "coração quis sair pela boca" tinha algum fundamento, pois a região da traqueia parecia tremer, como se não pudesse escolher entre permitir que o ar entrasse ou saísse, enfim, uma intensa reação emocional.

Faltando apenas mais alguns passos para se aproximar do rapaz, percebeu algo que ainda não tinha notado: ele era muito bonito. E lembrando-se do que lhe havia acontecido, sentiu enorme compaixão por ele.

– Olá, João Pedro, tudo bem?

O moço teve um sobressalto inicial, mas se recuperou logo ao ver que era Lurdes quem o cumprimentava. Sentiu as faces se acalorarem e temeu que tivessem se avermelhado.

Nunca havia conversado com a moça, mas já a vira frente a frente quando ela lhe ofereceu seus pesares no enterro de sua mãe, acompanhada por seu Ambrosino e dona Olga.

– Olá, Lurdes... está tudo bem... e você?

– Venho vindo da escola. No que está tão interessado?

– Na verdade, em nada. Estava só olhando. Estou no intervalo do almoço e logo devo voltar para o trabalho – tentou mentir, todo atrapalhado, mas sem conseguir convencer Lurdes que, ao olhar para a vitrina, constatou que naquele espaço em que o rapaz se encontrava tão interessado, eram expostos tão-somente diversos tipos de facas, nos mais diversos tamanhos e formatos. E Lurdes, desconfiada do interesse do moço por aquelas armas, fez questão de perguntar, numa tentativa de analisar sua reação.

– Gosta de armas, mais precisamente de facas?

– Não são armas. São apenas facas para acampamento.

– Para mim são armas – respondeu, olhando fixamente para os olhos de João Pedro, e arrematando: – E matam.

O rapaz baixou os olhos por alguns instantes e ergueu-os novamente, desta feita, um pouco avermelhados e úmidos. Desviou o olhar e disse, gravemente:

– Como a que matou minha mãe...

– Eu ainda sinto muitíssimo pelo que aconteceu à sua mãe, João Pedro, mas penso que ficar olhando para armas não vai ajudá-lo em nada. Somente vai lhe trazer tristes recordações.

– Sei disso, Lurdes, mas desde o ocorrido, cada vez que vejo uma faca, fico a imaginar a dor que minha mãe deve ter sentido, e um grande ódio se instala em meu coração por aquele assassino.

– E pensa em vingar-se...

O rapaz, que mantinha a cabeça baixa, retornou o olhar para a moça e afirmou, com estranha expressão no olhar:

– Não penso em outra coisa.

– E o que isso vai resolver? Com certeza, será preso ou terá de passar toda a sua vida fugindo da justiça. Além do mais, esse ato não irá trazer sua mãe de volta e, tenho absoluta certeza, a fará muito triste, esteja ela onde estiver. Por que jogar fora toda uma vida?

João Pedro viu aflição nas palavras de Lurdes e, procurando amenizar, lhe disse:

– Não precisa se preocupar. O homem está preso e nada poderei fazer, pelo menos por uns bons tempos. Talvez, um dia, eu mude de ideia. Quem sabe? Minha mãe sempre dizia que o mundo dá muitas voltas.

– E dá, sim, e também, nada como um dia depois do outro. Somente lhe peço que dê tempo ao tempo porque tudo está muito recente em sua memória. E minha mãe também costuma dar-me bons conselhos. Diz ela que não devemos tomar nenhuma decisão precipitada na vida, principalmente se estivermos com a emoção à flor da pele.

– E sua mãe deve ter toda a razão. Na verdade, acredito que todas as mães sempre têm razão. Dona Olga deve ser uma pessoa muito boa, porque tendo a filha que tem...

– Você acha que sou uma pessoa boa?

– Tenho certeza, pois vejo isso em seus olhos.

– Em meus olhos?

– Sim. Sabe... você deve ter conhecimento de que já fui uma pessoa muito pobre... eu e minha mãe pedíamos esmolas numa esquina desta cidade para podermos nos alimentar. Isso desde que nasci até meus sete anos de idade. Pedia esmolas também e aprendi a ver amor e bondade nos olhos de alguns daqueles que nos ajudavam.

– De alguns?

– Sim. Sou muito agradecido a todos que nos ajudaram, mas aprendi a perceber quando apenas nos davam uma esmola maquinalmente ou quando nos auxiliavam pelo bom coração que tinham. Os olhos dizem tudo. E já que estamos falando sobre frases que são utilizadas pelas mães para ensinar alguma coisa, digo-lhe que minha mãe sempre dizia que os olhos eram o espelho da alma.

Lurdes sorriu para o rapaz e recebeu de volta um largo sorriso também.

– As mães são sábias. E seu pai, João Pedro?

– Meu pai morreu quando eu tinha quase cinco

anos. Eu nunca o vi trabalhar. Era um alcoólatra. A maior parte do tempo ou estava no bar ou dormindo. Minha mãe tinha que sustentar seu vício com parte das esmolas. Algumas vezes, o vi bater nela.

– Você deve ter sofrido muito.

– Não, não sofri.

– Não?

– Na verdade, os momentos de alegria que passei junto a minha mãe foram muitíssimo maiores do que os que vivi com meu pai acordado e menos ainda com os de súbita cólera por parte dele.

– Você quer dizer que foi feliz?

– Tenho certeza que sim, porque quem não seria ao lado de uma mãe como a minha? Além do mais, havia nascido naquela vida e não conhecia outra. Apenas comecei a ver as diferenças entre as pessoas quando já tinha cerca de sete anos de idade. Foi quando mamãe começou a trabalhar como faxineira. Você deve saber, também...

– Sei. E está contente trabalhando para seu Manuel e junto com meu pai?

– Muito, Lurdes. Seu Manuel, dona Adalgisa e seu Ambrosino são pessoas boníssimas e gosto muito de viver com eles. Fizeram tanto por mim... Até roupas me compraram. Vou ser registrado e terei uma carteira de identidade. E ainda vão me pagar um curso para que possa conseguir um diploma ginasial.

– Madureza?

– Sim.

– Quando começar o curso e precisar de alguma ajuda com os estudos, pode me procurar.

– Irei procurá-la.

De repente, voltou a ficar com o semblante sério e triste.

– Gostaria tanto que minha mãe estivesse viva para ver tudo o que está acontecendo de bom comigo.

– Já lhe falei sobre isso. Com certeza, deve estar muito feliz. Tenho plena convicção de que ela, neste momento, o está vendo e se orgulhando do filho que teve neste mundo.

– Você acha?

– Acho e não estou falando isso somente para acalmá-lo, mas porque acredito.

– Sabe, Lurdes, eu estava muito nervoso e angustiado, olhando para estas armas, mas agora, que conversei com você, me sinto mais tranquilo, mais calmo. Sei que logo, logo, voltarei a ficar com ódio, mas, neste momento, parece que um peso saiu de minhas costas.

– Tenho que ir para casa. Mamãe ficará preocupada se eu demorar. Se quiser me acompanhar, moro perto do armazém.

– Sei onde mora e gostaria muito de ir junto

com você. E tenho que ir, já – completou o rapaz, olhando para o relógio de pulso. – Já está quase na hora de eu começar a trabalhar. E já tenho um relógio, veja. Foi dona Adalgisa quem o escolheu para mim. Até isso me compraram.

Lurdes sorri.

– É muito bonito.

– É, sim.

E os dois começaram a caminhar juntos, com João Pedro, sempre prestimoso, carregando o material escolar da moça.

Quando estavam próximos à casa de Ambrosino, perceberam que dona Olga estava junto ao portão, com certeza, esperando a filha chegar. E os dois, um pouco envergonhados pelo fato de estarem andando juntos, passaram a carregar os rostos corados, fruto da inibição própria da adolescência. Porém, logo se recompuseram ao verem a mulher sorrir para eles.

– Nos encontramos no caminho, mamãe, e João Pedro veio comigo.

– Conversamos um pouco e Lurdes me fez enorme bem com seus conselhos. Eu ainda me encontro um pouco angustiado com o que aconteceu com minha mãe, dona Olga.

– Posso imaginar, João Pedro, mas lhe peço que acredite que Deus sabe o que é melhor para todos nós, por pior que os acontecimentos possam nos parecer.

O rapaz olhou para Lurdes, agradecendo-lhe:

– Muito obrigado por tudo o que me disse e pela companhia. Agora preciso ir. Tenho que trabalhar.

– Não me agradeça e vá trabalhar. Quando quiser conversar novamente, basta que me procure. Pode ser, mamãe?

– Pode, sim. Pode vir até nossa casa quando quiser.

– Obrigado.

E João Pedro despediu-se e começou a caminhar em direção ao armazém, um pouco mais à frente. De repente, estacou os passos, olhou para trás e viu dona Olga e Lurdes sorrindo.

– Suas coisas, Lurdes. Estava levando comigo.

Dizendo isso, apressou-se em retornar e devolver o material escolar para a moça. Deu mais um passo e estacou novamente, volvendo a cabeça na direção das duas. E, num arroubo de coragem, perguntou:

– Posso vir conversar um pouco mais com você, hoje à noite?

Lurdes olha para a mãe. Esta lhe sorri e a moça responde:

– Pode vir, João Pedro.

– Devo perguntar a seu pai?

– Se quiser...

– Está bem. Posso vir às sete da noite?

– Pode – respondeu Lurdes, encantada com ele.

– Mas vou perguntar ao seu pai...

– Tudo bem. Até às sete.

E o moço reiniciou os passos até o armazém.

– Ele nem sabe que já convidamos seu Manuel e dona Adalgisa para a comemoração de seu aniversário hoje à noite e que lhes dissemos que trouxessem João Pedro – comentou a mãe, sorrindo. – Você não disse nada a ele?

– Não, mamãe.

– Ele vai ter uma surpresa, então.

– Penso que será a primeira festa de aniversário em que ele vai.

– Pobre rapaz. Tenho muita pena dele.

X

Na cadeia

— Tércio, você vem comigo – disse o carcereiro, abrindo a porta da cela, onde o homem se encontrava detido com mais seis outros presos.

O prisioneiro se encontrava muito abatido e, assustado, seguiu o funcionário da prisão até uma pequena sala onde um advogado, indicado pelo Estado para defender os que não tinham condições financeiras para arcar com as despesas advocatícias, ali se encontrava, sentado à uma pequena mesa. O carcereiro apresentou-o ao causídico e saiu, deixando-os a sós. Dois policiais, armados, se postaram do lado de fora e a porta se fechou.

– Pode se sentar – convidou o advogado. – Meu nome é Eduardo e fui intimado pelo Estado a defendê-lo perante o tribunal do júri, pois é o que se faz quando um réu não tem condições financeiras suficientes para pagar sua defesa. Em primeiro lugar, devo lhe perguntar se aceita que eu o defenda.

– Aceito – respondeu o homem, incomodado com as expressões "réu" e "tribunal do júri".

– Seu nome é Tércio de Souza?

– Sim.

– Bem, Tércio – disse o advogado, ajeitando-se na incômoda cadeira em que estava sentado –, quero que saiba que, para que eu possa realizar meu trabalho, é necessário que me diga toda a verdade, sem omitir nenhum detalhe. Certo?

– Sim, senhor... doutor...

– Pois bem. Você matou a senhora Dirce do Nascimento?

– Sim, mas não era minha intenção matá-la.

– Mas testemunhas declararam que você enfiou uma faca em seu abdome, fato esse que veio a ocasionar a sua morte.

– Foi um acidente. Tentei acertar seu filho e ela entrou na frente dele.

– E por que queria matar o filho da vítima?

– Também não tinha a intenção de matá-lo. O que aconteceu foi que ele me deu um soco e percebi que iria me bater mais. Ele é muito forte. Então saquei minha arma para intimidá-lo. Mesmo assim, ele veio em minha direção e, por um impulso, desferi a faca contra ele.

– E a senhora Dirce entrou em sua frente?

– Foi isso o que aconteceu.

– E por que ele lhe deu um soco?

Tércio olhou meio desconfiado para o advogado e, timidamente, lhe perguntou:

– Desculpe-me a pergunta, mas o doutor não sabe?

– Sei, mas tenho a obrigação de lhe fazer todas essas perguntas, porque tenho que ouvir a sua versão para poder elaborar o processo de defesa.

– Entendo...

– Voltando ao assunto, torno a lhe perguntar: por que ele lhe deu um soco?

O prisioneiro baixou o olhar e, bastante acabrunhado, notadamente envergonhado, respondeu em voz um pouco mais baixa:

– Eu estava... bem... eu queria... estava tentando fazer uma coisa com a mãe dele...

– Fazer uma coisa? E que coisa era essa?

O homem permaneceu uns instantes em silêncio, tentou engolir uma saliva que não encontrava. Sua garganta estava seca.

– Responda, Tércio.

Olhando nervosamente para os lados e fugindo do olhar do dr. Eduardo, respondeu, por entre os dentes:

– Eu estava tentando violentá-la.

– E ela?

– Ela usava toda a sua força para não permitir.

– Daí...?

– Daí chegou o rapaz....

– Você sabe o nome dele?

– João Pedro.

– Muito bem. João Pedro chegou e...

– Ele apareceu de repente e puxou-me para fora do quartinho.

– E...

– E ele me deu um violento soco no rosto. Daí, fiquei atordoado e saquei da faca. Foi quando ele partiu para cima de mim e sua mãe...

– A senhora Dirce...

– Sim... a senhora Dirce tentou segurá-lo, mas quando vi que ela não conseguia detê-lo, tentei atingi-lo com a faca, mas, infelizmente, ela entrou na frente e eu a atingi.

– E depois...

– Logo em seguida, o dono do armazém e mais

outros homens me seguraram para que eu não fugisse do local e detiveram o rapaz para que não avançasse sobre mim.

– O nome desse rapaz...?

– João Pedro.

– Peço-lhe que, sempre que fizer menção a alguém, diga-lhe o nome, por favor.

– Sim, senhor... doutor...

– E depois?

– Não sei dizer quanto tempo se passou até que chegassem os policiais e me prendessem e me trouxessem até aqui. Daí, contei tudo para o delegado.

– Agora, Tércio, uma pergunta muito importante: a senhora Dirce alguma vez lhe deu razões para que tentasse manter relações com ela?

– Não. Ela nunca me dirigiu o olhar. Na verdade, era uma pobre mulher, bastante recatada. Nunca a vi olhar para nenhum dos homens que se encontravam no armazém à tarde.

– O que esses homens, inclusive você, faziam no armazém todas as tardes?

– Bem, todos os dias, às dezoito horas, seu Manuel, o proprietário, fechava duas das portas e deixava uma outra aberta porque era costume que alguns homens fossem lá para beber uma cachaça, comer um salgadinho e jogar um pouco de conversa fora. E, geralmente, ficávamos à porta ou na calçada. E a senhora Dirce sempre passava por nós quando chegava de seu serviço e entrava por um portãozinho que dava acesso ao quintal, através de um corredor. Estava sempre acompanhada de seu filho, João Pedro, que todas as tardes ia buscá-la no serviço a algumas quadras dali.

– E foi por esse portãozinho que você entrou naquela noite?

– Foi.

– E João Pedro não estava lá?

– Não. João Pedro chegou com a senhora Dirce e saiu logo em seguida. Eu lhe perguntei para onde ia e ele me respondeu que ia até a farmácia para comprar um analgésico para sua mãe. Eu sabia que a farmácia ficava longe, talvez levasse cerca de uma hora para ir e voltar e surgiu essa ideia louca em minha cabeça.

– Mas se João Pedro iria levar cerca de uma hora para ir e voltar, como é que ele o pegou em flagrante?

– Aconteceu que assim que ele saiu...

– Ele, quem?

– João Pedro. Assim que João Pedro saiu, esperei alguns minutos e fui até o quartinho. Estava com a porta aberta, mas percebi, pelo barulho da água, que a senhora Dirce estava tomando banho. Então, retornei ao armazém. Aguardei um tempo que seria o suficiente para que ela tomasse seu banho e tentei voltar lá para o quartinho, mas a esposa de seu Manuel, dona Adalgisa, estava na calçada conversando com uma outra senhora, que não conheço, e precisei esperar mais um pouco. Na verdade, deveria ter desistido da ideia, mas a tentação foi muito grande e me descuidei do tempo que já havia passado. Foi essa a causa de João Pedro ter chegado naquele momento.

– Muito bem, Tércio. Agora gostaria de lhe pedir que me dissesse o que pensa sobre tudo isso que aconteceu e se tem alguma justificativa para o que fez.

O homem permaneceu por alguns instantes calado até que seus olhos se marejassem de lágrimas.

– O que posso dizer para o doutor, a não ser que estou muito arrependido? No íntimo, até tenho alguma explicação... não uma justificativa... uma explicação apenas ..., apesar de que, infelizmente, não é suficiente para dar paz à minha consciência. Sempre fui uma pessoa que, exteriormente, faço-me parecer um homem rude e valente, mas nunca me passou pela cabeça a ideia de matar alguém, muito menos uma pobre senhora que, pelo que sei, sofreu muito na vida. E nem aquele rapaz, o João Pedro. Até admirava a sua força de vontade e a sua coragem por tudo o que já passou pela vida. Imagino que ainda sofre por tudo e que deve ter na mente um ódio muito grande por mim e até o compreendo. Jurou vingança, mas lhe digo, doutor, com toda a sinceridade, já pensei até em me matar para que esse moço, o João Pedro, não venha a cometer um ato que venha a prejudicá-lo, porque sinto que ele irá atentar contra a minha vida. Vi isso em seu olhar. Uma noite destas, nem sei porquê, subi em meu catre, alcancei a grade, olhei para fora e o vi. Estava lá, na escuridão da noite e olhava na direção das janelas. Parecia estar me procurando. Se quiser saber, só não me suicidei até agora, por falta de oportunidade. Penso que essa seria a única maneira de eu fazer alguma coisa decente em minha vida e pagar pelo crime que cometi e pelo grande sofrimento que estou causando a ele.

O advogado, após esse desabafo de Tércio, que lhe pareceu sincero, passou a sentir uma certa compaixão pelo homem, um sentimento diferente do que ele tinha quando chegou à cadeia pública, ciente do caso que lhe havia sido colocado às mãos. E quis saber mais um pouco sobre a vida dele, a fim de que pudesse, de alguma forma, ajudá-lo.

– Preciso que me fale um pouco sobre a sua vida, Tércio. O que fazia atualmente, um pouco sobre a sua infância, seus pais, enfim o que lhe vier à mente. Temos tempo.

– E de que isso irá adiantar, doutor? Se quer saber, nem gostaria de ser absolvido. Não mereço. Gostaria, sim, de poder sair daqui para pôr um fim à minha vida e gostaria até de fazer isso perante João Pedro, a fim de libertá-lo de qualquer desejo de vingança que possa estar em sua mente. Não quero que sofra mais ainda. Sei que, se ele cometer esse desatino contra minha pessoa, inevitavelmente será preso. E não quero isso.

– Não acho que essa seja a melhor solução, Tércio. Suicidar-se não vai resolver sua questão. Sou religioso e sei que esse ato é condenado por Deus. Necessito, agora, que me fale sobre você porque preciso de subsídios para tentar, pelo menos, diminuir a sua pena, pois penso que sua condenação será inevitável. Por favor, fale um pouco sobre você.

O homem pensou um pouco e começou a narrar:

– Na verdade, doutor, sempre fui um rejeitado. Meus pais me colocaram para trabalhar muito cedo. E trabalho pesado. Morávamos numa pequena propriedade rural e, com apenas cinco anos, eu já tinha tarefas a cumprir. Não que eu ache que não se deva trabalhar, mas, quando completei sete anos, passei a realizar trabalhos por demais pesados. Trabalhava desde a madrugada até quase o escurecer. Não pude frequentar escola, apesar de já existir uma a poucos quilômetros de onde morávamos. Queria brincar com as outras crianças que tinham horário para isso, mas não me era permitido. Com quinze anos, fugi de casa e passei muita fome. Vim aqui para a cidade grande e minha vida pouco mudou, pois não tendo documentos, somente conseguia serviços avulsos com pouco ganho e, mais uma vez, pesados demais. Estava sempre maltrapilho e sujo, com poucos dentes na boca, esta feia cicatriz que trago no rosto, provocada por um cabo de aço que se soltou de um caminhão que eu descarregava, me atingindo em cheio. Nunca tive namorada, pois ninguém nunca se interessou por mim, o que acho bastante natural, pois quem se interessaria por criatura tão asquerosa como eu? Com o passar dos anos, consegui um emprego fixo, no qual tinha que abrir valetas para a construção civil. E ainda trabalhava nele até que aconteceu essa desgraça. Não tenho nenhum plano de aposentadoria e sei que teria que trabalhar até o fim dos meus dias, se conseguisse sair desta prisão e desistisse do suicídio..

– Pelo que me disse, não deve ser casado.

– Quem iria se casar comigo, doutor? Sempre tive vontade de ter uma mulher, mas nunca tive esse gosto.

– E por que a senhora Dirce?

– Eu havia bebido um pouco além da conta naquele dia e essa mulher, desde o primeiro momento em que a vi, me impressionou muito e acabei perdendo a cabeça. Não sei o que aconteceu. Na verdade, nunca tentei algo assim em toda a minha vida, mas parecia que alguma coisa, parecia que alguém, dentro de mim, me compelia a esse ato. E, se quer saber, minha consciência não tem me deixado em paz. Além do que, penso muito nesse rapaz. Se eu pudesse fazer alguma coisa por ele, mas o quê? Não possuo nada para compensá-lo, apesar de que nada poderá compensar essa enorme perda que ele teve.

Nesse momento, o homem não conseguiu conter as lágrimas.

– Tudo bem, Tércio. Já basta por hoje. Vou ver o que é possível fazer para, como lhe disse, pelo menos, diminuir sua pena. Há alguma coisa que eu poderia fazer além disso? Necessita de alguma coisa?

– Gostaria, sim.

– De quê?

– Gostaria, se fosse possível, de conversar com seu Ambrosino.

– Seu Ambrosino? Deve ser uma das testemunhas.

– Pode ser. Ele trabalha no armazém há muitos anos e é um homem muito bom.

– Não sei se será possível. Como lhe disse, ele será uma das testemunhas contra você.

– E isso o impede de conversar comigo?

– Vou ver o que posso fazer, Tércio. Se ele concordar em vir até aqui...

– Por favor, doutor.

– Diga-me mais uma coisa.

– O quê, doutor?

– Existe alguém que poderia testemunhar a seu favor? Alguém que o conheça e saiba sobre sua vida? Não que isso seja algo que irá inocentá-lo, mas, pelo menos, poderia ajudar. Afinal de contas, levaríamos para o tribunal alguém que tenha boa impressão a seu respeito.

– Creio que não, doutor. Nunca consegui cativar a atenção e muito menos a admiração de alguém. Talvez o doutor possa encontrar quem testemunharia contra mim.

– Seus pais estão vivos, Tércio?

– Nunca mais soube deles.

– Poderia me dizer o lugar onde vocês moravam?

– Sim.

– Escreva neste papel.

– O doutor irá procurá-los? Não perca seu tempo. Eles não mexeriam uma palha por mim e nem vejo motivo para isso. Na verdade, nem sei se estão vivos ainda.

– Não tem irmãos?

– Apenas uma irmã.

– E como era o relacionamento entre vocês?

– Com minha irmã era bom. A Jaci era muito boa. Era três anos mais velha que eu.

– Jaci é o seu nome?

– Sim, mas por que me pergunta, doutor? Não quero que vá procurá-la. Sentirei muita vergonha. Por favor.

– Está bem, Tércio, se acalme.

XI

O aniversário de Lurdes

João Pedro chegou no armazém e nem havia começado a trabalhar, quando dona Adalgisa o chamou em sua casa.

– Pois não? – perguntou o rapaz.

– Hoje à noite, iremos a uma festa.

– Uma festa? – exclamou o moço, preocupado instantaneamente, já que prometera ir à casa de Lurdes para conversar um pouco com ela.

– Sim. Iremos a uma festa de aniversário. Eu, você e Manuel.

– Eu nunca fui a uma festa de aniversário.

– Sempre tem uma primeira vez, João Pedro. Roupas você já tem.

– E de quem é o aniversário?

– De Lurdes, filha de seu Ambrosino.

– De Lurdes?!

– Por que o espanto? Ela completará dezoito anos e seu pai resolveu proporcionar-lhe essa festa. Afinal de contas, não é sempre que alguém completa a maioridade e nada mais justo que uma festa para comemorar.

– Bem... é que hoje eu me encontrei com ela e não me disse nada a respeito disso. Até combinamos, com o consentimento de sua mãe, dona Olga, que eu iria até sua casa, hoje à noite, para conversarmos um pouco. E lhe disse, também, que iria pedir o consentimento de seu pai, seu Ambrosino.

– Se ela não lhe disse, é porque, certamente, queria lhe fazer uma surpresa, pois sabia que eu iria lhe contar.

– Mas Lurdes falou para a senhora me levar?

– Certamente que falou e insistiu comigo nesse ponto.

– E vai muita gente, dona Adalgisa? A senhora sabe que sou tímido.

– Tenho certeza que não. Vai ser uma festa simples, com um bolo de aniversário e alguns doces e salgados. Não se preocupe. Creio que estarão lá seus pais e duas ou três amigas mais íntimas.

– E o presente? Eu tenho que levar alguma coisa.

– Já cuidei de tudo.

– Já?

– Sim. Comprei um presente que eu e Manuel daremos e um para você dar.

– A senhora comprou um para eu presenteá-la? – perguntou o rapaz, entusiasmado. – E o que é? Ah..., a propósito, faço questão de pagar, porque senão o presente não seria meu.

– Tudo bem, eu já imaginava isso e descontaremos de seu ordenado, em prestações.

– Prestações?

– Apesar de não ter custado muito caro, comprei-o dessa forma, a fim de que não pese em seu orçamento.

– E posso vê-lo?

– Venha cá que vou lhe mostrar. Afinal de contas, é importante que você saiba o que é, porque faremos de conta que foi você quem escolheu e comprou.

E dona Adalgisa levou o rapaz até seu quarto e retirou um pequeno pacote de seu guarda-roupa.

– Vamos abri-lo com cuidado para não estragar a embalagem.

A mulher abriu o pacote e mostrou-lhe uma pequena caixa de madeira envernizada.

O que é isso?

– Abra a caixa.

Quando João Pedro abriu a caixa, esta começou a tocar uma música e uma bailarina foi levantada, através de uma mola, ficando em pé e começando a girar em círculos e a rodopiar elegantemente, acompanhando o ritmo da suave melodia. Ao lado, existia uma cavidade.

O rapaz, emocionado, perguntou a dona Adalgisa:

– E para que serve?

– Trata-se de um porta-joias. Nessa cavidade, Lurdes poderá guardar um anel, uma pulseira ou outra joia qualquer.

– Mas é linda! Quanto custou?

A senhora lhe informou o preço e qual não foi o assombro do moço ao verificar que ela custou exatamente o preço da faca que se encontrava disposto a comprar.

– E como deverei ir vestido?

– Com sua calça e camisa nova, mais um paletó. E iremos todos juntos: eu, você e Manuel. Você, agora, faz parte de nossa família.

João Pedro não conseguiu, mais uma vez, conter algumas lágrimas e, pela segunda vez, beijou as mãos de dona Adalgisa.

– Muito obrigado, senhora. Muito obrigado.

– E você já nem precisa pedir permissão a seu Ambrosino. Ele já está sabendo que você também irá.

Aquele dia lhe pareceu uma eternidade para transcorrer. Não via a hora de ir à festa, apesar de sua timidez. Na verdade, encontrava-se encantado com a possibilidade de tornar a ver Lurdes e conversar com ela.

* * *

Faltavam quinze minutos para as dezenove horas e João Pedro, seu Manuel e dona Adalgisa caminhavam em direção à casa de Lurdes.

O rapaz estava um pouco nervoso, carregando o presente em uma das mãos. Mas se encontrava, também, muito feliz. Parecia-lhe que o casal e ele formavam uma família e isso lhe dava enorme satisfação e alegria. Somente algo o incomodava um pouco: o fato de sua querida mãe não estar presente. Como ela iria ficar orgulhosa dele – pensava.

E também se encontrava um pouco emocionado porque, pela primeira vez em sua vida, estava vivendo algo diferente em seu coração: via-se bastante empolgado em rever a moça, pois apesar de ainda não conseguir definir seus sentimentos, na verdade, o que ele estava sentindo, sem o saber, era um enorme carinho por Lurdes. Estaria se apaixonando?

Lurdes, por sua vez, também não cabia em si de tanta felicidade. Três amigas haviam sido convidadas e já se encontravam em sua casa, mas a moça quase não lhes dava a devida atenção, indo de minuto em minuto até a esquina, para ver se o rapaz já estava vindo.

– Parece-nos que você está muito interessada no João Pedro, Lurdes – comentou uma das garotas.

– Eu? Não...

– Como não? Não parou um só instante de ir até a esquina para ver se ele já vem vindo.

– Estou só um pouco preocupada se ele virá, mas é porque gostaria muito que viesse, para poder se distrair um pouco. Afinal de contas, a perda de sua mãe está muito recente.

– Ou você está interessada nele, Lurdes? E é um rapaz muito bonito e lhe digo mais: se estiver pretendendo namorá-lo, apresse-se, pois muitas meninas do bairro já falam muito sobre João Pedro.

– Ora, deixem de bobagens... – concluiu a moça, apesar de que, no fundo de seu coração, sentia a mesma emoção que ele.

E assim que chegaram, os olhares de suas amigas voltaram-se todos para o rapaz que, timidamente, cumprimentou Lurdes pelo aniversário e lhe entregou o presente. Ela o desembrulhou, exclamando:

– Mas é lindo, João Pedro! É lindo! E sempre quis ter um porta-joias deste. Era isso que você estava vendo naquela vitrina, hoje, além da faca? Cheguei a ver este porta-joias.

João Pedro, por poucos segundos, não sabia o que dizer, porque não gostava de mentir, mas dona Adalgisa veio em seu socorro, com uma pequena, mas inocente mentira:

– Foi ele mesmo quem o escolheu.

– Você tem muito bom gosto.

E a pequena festa teve início, sendo servidos alguns doces e salgados, e Lurdes e João Pedro não se desgrudaram o tempo todo.

– Formam um belo par, não, Olga? – perguntou dona Adalgisa à amiga.

– É verdade.

– Você não faz gosto de que os dois viessem a namorar? Ele terá um bom futuro, pois eu e Manuel pretendemos fazê-lo herdeiro das nossas posses, inclusive do armazém.

– Penso que são crianças ainda, e o tempo se encarregará de acertar as coisas. Se for da vontade de Deus e se o destino assim o quiser.

– E ele há de querer, Olga. Até vejo uma grande felicidade quando olho para eles. E não são mais crianças. João Pedro já está a caminho dos dezenove anos de idade e Lurdes completa hoje dezoito.

– Vamos ver, Olga.

– Você permitiria que eles se vissem mais vezes?

– Preciso conversar com Ambrosino, e desde que seja aqui em minha casa ou na sua...

– Fique tranquila, pois eu e Manuel saberemos educá-lo muito bem a esse respeito.

Nesse momento, Lurdes chamou as duas para que participassem do ato de assoprar velinhas, o que foi realizado após todos cantarem a música "Parabéns a você".

Após essa parte comemorativa, Lurdes fez um pedido, mentalmente, e cortou a primeira fatia do bolo, entregando a primeira a sua mãe, a segunda a seu pai e a terceira, apesar da insistência das três amigas, entregou-a ao rapaz, desejando-lhe muita paz e felicidade.

E após mais uma hora de confraternização entre todos, suas amigas foram embora e Lurdes, com o consentimento da mãe, foi sentar-se com João Pedro, na pequena varanda da casa, voltada para a calçada.

– Considero a noite de hoje uma das melhores de toda a minha vida, Lurdes. Sinto-me muito feliz aqui nesta festa e, principalmente, junto a você – confessou João Pedro, depois de grande luta interna para lhe falar essa frase, ao mesmo tempo em que sentia corar as faces.

– Também sinto a mesma coisa, João Pedro – disse a moça, baixando o olhar, numa visível demonstração de sua inocência e recato.

E, envolvidos pela timidez que não os permitia dizer mais alguma coisa e tolhidos pela falta de assunto, permaneceram alguns segundos em silêncio, pausa esta cortada por um cumprimento vindo da rua:

– Boa noite, João Pedro. Boa noite, senhorita...

– Lurdes – informou João Pedro. – Ela se chama Lurdes e muito boa noite para o senhor.

– Boa noite, então, Lurdes.

A moça lhe respondeu e João Pedro apresentou o homem que parou para cumprimentá-los:

– Este senhor se chama Ubaldo.

– Ah, sim, meu pai me falou sobre ele.

– Ele me ajudou uma noite destas, quando estava para ser detido por dois policiais que me pediram documentos e eu não os tinha e, então, ele, vendo a minha situação, disse aos policiais que eu era seu neto, que havia acabado de completar dezoito anos e que meus documentos já estavam sendo providenciados.

João Pedro, então, começou a rir, no que foi acompanhado pelo homem.

– Do que estão rindo?

– Seu Ubaldo inventou para os policiais que eu estava com caxumba e que eles não deveriam se aproximar muito de mim e, então, os homens se afastaram, horrorizados, com medo de contrair a doença.

– E daí?

– Daí eu o acompanhei como se ele, realmente, fosse o meu avô.

Lurdes começou a rir também da presença de espírito do homem.

– E o que o senhor faz, seu Ubaldo?

– Apenas caminho, andando por esse mundo de Deus.

– Então o senhor é um andarilho.

– É... isso... um andarilho.

– Parece-me que o senhor gosta deste bairro, seu Ubaldo – disse o rapaz.

– Na verdade, a cada época, fico num lugar.

– E há quanto tempo está por aqui?

– Já faz algum tempo, porque arrumei um bom lugar para dormir. Numa construção, sabe? E com a permissão do proprietário, em troca de eu tomar conta do lugar.

– Entendo...

– Já vi você no Centro Espírita, Lurdes – comentou o homem.

– O senhor me viu lá? Quando?

– Uma noite destas. Estive lá ouvindo uma palestra. Já estive lá por diversas vezes.

– O senhor é espírita?

– Sou, sim, e já li alguns bons livros.

– O senhor tem livros espíritas?

– Não, mas a bondade dos trabalhadores de diversos Centros por que passo, sempre me permite ler algum da biblioteca.

– Nós também temos uma pequena biblioteca.

– Sei disso.

– E quando quiser, às quartas-feiras, eu ajudo no trabalho com os livros. É só me procurar.

– Agradeço muito, Lurdes. Qualquer hora aparecerei por lá.

Nesse momento, Ambrosino, atraído pela voz masculina, saiu para ver quem era.

XII

Edificante diálogo

– Seu Ubaldo, que surpresa! Hoje é aniversário de minha filha. Não gostaria de comer um pedaço de bolo?

– Agradeço muito, seu Ambrosino, mas já passou de meu horário de comer e, com a minha idade, comer à noite, nem sempre me faz bem. De qualquer maneira, eu lhe agradeço muito.

– Posso pedir para minha mulher embrulhar um pedaço para o senhor. Aí poderá comer amanhã.

– Não precisa se preocupar, seu Ambrosino.

– Então, depois eu cuido disso, mas, seu Ubaldo, o senhor está sempre por aqui, não?

– Ele disse que já foi diversas vezes ao Centro Espírita, papai.

– Nunca o vi lá, seu Ubaldo.

– Mas eu já o vi e até já ouvi uma pequena palestra do senhor. Foi antes do passe.

– E o senhor gostou?

– Gostei muito, principalmente quando falou sobre reencarnação. Gosto muito desse tema.

– Reencarnação? – perguntou João Pedro.

– Você nunca ouviu falar? – perguntou o andarilho.

– Não.

– Nós, espíritas, acreditamos que o Espírito, depois do falecimento do corpo físico, vai para um plano espiritual e que, depois de algum tempo, período esse, diferente de um Espírito para outro, volta a nascer num outro corpo.

– Num outro corpo? Não compreendo.

– Num outro corpo recém-nascido. Num outro bebê – respondeu Lurdes.

– E por que isso?

– Para poder aprender sobre diversas situações da vida, na verdade, situações provocadas por ele mesmo.

João Pedro permaneceu a olhar meio intrigado.

– Não consigo entender muito bem.

– Você tem interesse nesse assunto, João Pedro? – perguntou-lhe Ambrosino.

O rapaz pensou um pouco e, lembrando-se de sua mãe, respondeu:

– Tenho um pouco, sim. Gostaria de saber, sim, de saber alguma coisa a respeito de Espíritos.

– Pois qualquer dia destes poderemos falar sobre isso – propôs Ambrosino, vendo nisso uma oportunidade de lhe passar o caderno.

– Pode ser, seu Ambrosino.

– E quanto ao senhor, seu Ubaldo? Gostaria de saber um pouco mais sobre a sua vida – perguntou João Pedro. – O senhor não me parece um andarilho comum, além de nem se vestir como tal. Percebo que se traja de maneira bastante simples e humilde, mas, desculpe-me a franqueza: o senhor me parece limpo demais para um homem que vive pelo mundo, a dormir em construções.

O velho riu gostosamente dessa colocação e respondeu, a seguir:

– Não é porque sou andarilho que tenho de andar maltrapilho e sujo. Sempre encontro uma maneira de me assear, trocar de roupas e lavar as que se sujaram ou se encontram empoeiradas. Nesta bolsa, que carrego a tiracolo, tenho algumas peças e alguns artigos de higiene.

– E como faz para comprá-los? O senhor tem algum ganha-pão?

– Não, não tenho, mas as pessoas me ajudam sempre. Afinal de contas, quem iria negar-se a prestar um favor a um velho como eu?

– Disso tenho certeza – concordou Ambrosino –, pois o senhor é uma pessoa bastante simpática, sempre com um sorriso no rosto, além de aparentar alguém que inspira muita confiança.

– Também não consigo entender como alguém que pouco tem e que vive pelas ruas, sem um lar, um mínimo de conforto, pode ser ou, pelo menos, aparentar, assim, tanta felicidade – completou Lurdes, lembrando-se de que João Pedro também vivera dessa maneira com sua mãe, apesar de terem um lar para retornar e descansar o corpo.

– João Pedro já passou por isso e sempre foi muito feliz – respondeu Ubaldo.

O rapaz olhou para o homem e lhe disse:

– Realmente, fui muito feliz com a vida que levava com minha mãe, a esmolar pelas ruas, mas porque era um garoto; foi essa a vida que conheci e minha mãe era muito boa e carinhosa para comigo.

Nesse momento, João Pedro pensou um pouco e perguntou:

– Mas como o senhor sabe que eu era feliz?

Ubaldo riu de novo e respondeu:

– Meu rapaz, com a minha idade e com a minha experiência, já consigo imaginar o que as pessoas são ou foram. Consigo ver no olhar delas.

– Tenho certeza de que meu olhar, hoje, não deve transmitir felicidade, depois da morte de minha mãe.

– Você tem razão, mas já o vi antes, lembra-se? Defronte do armazém.

– Sim, eu me lembro.

Ambrosino, então, procurou levar o assunto para um outro campo, mesmo porque encontrava-se bastante interessado naquele estranho homem.

– O senhor não tem parentes, seu Ubaldo?

– Possuo muitos parentes e muitos amigos, seu Ambrosino.

– E por que não mora com algum de seus parentes?

– Simplesmente porque escolhi esta vida.

– O senhor sempre viveu assim? Nunca trabalhou?

– Já trabalhei, sim, e muito – respondeu, rindo novamente -, até que resolvi parar, há cerca de alguns anos, decidindo viver assim.

– Mas, às vezes, se encontra com seus parentes...

– Oh, sim. Sempre que posso, estou com eles.

– E eles não se importam ou, pelo menos, não tentam dissuadi-lo a viver de uma forma diferente? Oh, desculpe-me, acho que estou sento um tanto indiscreto.

– Não, não, podem perguntar o que quiserem. Nada tenho a esconder. Na verdade, seu Ambrosino, a maioria de meus parentes e alguns de meus amigos já possuem bastante idade como eu e também resolveram viver assim, caminhando pelo mundo.

– Não acredito. Seus parentes e alguns de seus amigos, também?

Ubaldo deu mais uma espontânea risada.

– Sim, eles também gostam. Isso faz um grande bem.

Ambrosino se ajeita na cadeira, bastante interessado e curioso, assim como João Pedro e Lurdes.

– Mas o senhor deve estar se referindo aos seus parentes do sexo masculino, não? E as mulheres?

– Talvez o senhor não vá acreditar – respondeu o andarilho, parecendo divertir-se com aquela conversa e, principalmente, com o olhar estupefato dos três –, mas a maioria delas também caminha junto aos seus maridos.

– Não posso acreditar. O senhor só pode estar se divertindo à nossa custa.

Ubaldo fez uma fisionomia, agora mais grave, a

fim de colocar um pouco de seriedade em suas palavras e rebateu, pacientemente:

– Não estou brincando, não, seu Ambrosino, estou falando a pura verdade.

– Meu Deus, nunca vi algo semelhante. E o senhor poderia nos explicar melhor o que é que os leva a viver dessa maneira? E todos esses seus parentes e amigos já trabalhavam também, como o senhor?

– Sim, depois de alcançar uma certa idade, por vezes avançada, com exceção de dois moços que não esperaram a velhice chegar.

– E os filhos e netos?

– Ah, esses vivem uma vida normal: trabalham, estudam, enfim, já se encontram encaminhados numa vida, como o senhor imagina, normal. Mas tenho quase certeza de que um dia, farão como seus pais e avós.

– Seu Ubaldo, desculpe-me a insistência, mas torno a lhe perguntar: o que os leva a viver assim?

– A enorme vontade de fazer o bem ao próximo, seu Ambrosino.

– Agora é que não entendo mais nada. Como é que pessoas que nada possuem e que necessitam de auxílio, de ajuda para sobreviver, podem ajudar o próximo?

João Pedro e Lurdes entreolharam-se sorrindo e se divertindo com as palavras do andarilho, principalmente com a curiosidade de Ambrosino, sendo que também se encontravam bastante interessados em saber a resposta àquela pergunta que, de qualquer forma, era bastante pertinente.

– Realmente, o senhor tem alguma razão nisso ou, pelo menos, em pensar assim. Pessoas que detém muitas posses, podem ajudar muito os necessitados, do ponto de vista material, e conheço inúmeras que assim o fazem. Outras, como é o caso do senhor, seu Ambrosino, e de voluntários de seu Centro Espírita, muito têm realizado em benefício de muitos infelizes. Sei que distribuem alimentação, remédios, leitos no albergue e, também, muito carinho, palavras de incentivo e de esperança. No meu caso e de meus companheiros, não temos condições desse auxílio material, mas podemos auxiliar à nossa maneira, tentando, também, com a utilização de nossas palavras de conforto, carinho e de conselhos, que a nossa idade já nos permite externar aos que necessitam.

O homem interrompeu um pouco a fala e pôde perceber que os três se encontravam com a atenção presa em sua explicação.

– E podemos auxiliar de outras formas, também. Acontece muitas vezes de termos a oportunidade de acompanhar idosos, com dificuldade em caminhar, e os ajudarmos a atravessar ruas movimentadas ou, então, avisá-los de que não deverão tomar determinado caminho que sabemos ser perigoso. Já chegamos a evitar assaltos, com a nossa presença; de outras vezes, tomar o tempo de alguém para que não lhe venha a ocorrer algo desagradável que imaginamos poderia ocorrer mais à frente.

– Mas como podem saber o que pode ocorrer se alguém não for atrasado em sua caminhada? – pergunta João Pedro, sob o olhar também curioso de Ambrosino e Lurdes.

– Vamos dizer que... por intuição...

– Não compreendo...

E o velho andarilho muda propositalmente de assunto, continuando a enumerar outros de tipos de auxílio.

– Por vezes, já conseguimos evitar tristes dissabores a muita gente, pelo simples fato de acabarmos sabendo de algo que vai acontecer, desta feita, não por intuição, mas porque, como nada temos a fazer, acabamos prestando atenção no que as pessoas dizem umas às outras, revelando suas intenções, às vezes, não corretas. Além do mais, se querem saber, quase ninguém presta muita atenção a um andarilho e não se importa de falar ou conversar na frente de um.

– Aí eu já compreendo. E o senhor tem razão: as pessoas pensam que os andarilhos, os pedintes, não possuem ouvidos.

Ubaldo dispara mais uma sonora gargalhada, completando:

– Somos seres invisíveis.

– E as pessoas lhes agradecem por tudo o que lhes fazem?

– Não, porque nem chegam a saber que foi a nossa interferência que as ajudou nisto ou naquilo. Acabam pensando que foi a boa sorte. E tem uma outra coisa...

– O que é, seu Ubaldo?

– Muitas vezes, meu amigo, só pelo fato de essas criaturas saberem que nada temos, mas virem, apesar disso, a nossa alegria, o nosso bom humor, já chegam a se sentir mais capazes de algo realizar em favor de si mesmas. Já presenciei muito disso.

– É... o senhor tem razão. Seu otimismo, por exemplo, é contagiante e renovador.

– Eu já vi o senhor fazer uma coisa que também não consigo entender – interrompeu Lurdes.

– E o que foi, filha? – perguntou o andarilho.

– Quando estávamos, eu e João Pedro, aqui fora, vi quando o senhor dobrou aquela esquina e também pude notar que deu algo a uma mulher que pedia esmolas. O que foi que o senhor deu a ela? Pareceu-me uma moeda e, talvez, um pedaço de pão também.

– Você tem uma boa visão, Lurdes.

– A distância não é tão grande assim, seu Ubaldo.

– Foi uma moeda, sim, e um pequeno pedaço de pão.

– O senhor lhe deu uma esmola e um pedaço de pão? – perguntou João Pedro, atônito, sabendo que Ubaldo não lhe parecia alguém que poderia estar distribuindo moedas. E também porque, como pedinte que fora, nunca havia visto algo assim. Nunca havia recebido uma esmola de um mendigo.

– Foi o que fiz, filho.

– Mas o senhor, pelo que posso imaginar, pouco tem para si próprio.

O homem sorriu e respondeu de uma maneira tão natural que trouxe emoção aos três.

– Aquela mulher necessitava mais do que eu. Percebi muita fome em sua fisionomia e penso que, com o que lhe dei, vai poder aplacar um pouco dessa sua necessidade mais imediata.

– Mas o senhor deve ter mais algumas moedas e mais pão...

– Na verdade, não tenho mais nada.

– E como irá se alimentar? Não que não vá, pois iremos lhe dar um bom pedaço de bolo, mas não sabia disso.

– Não estava com fome naquele momento e amanhã será um outro dia. Além do mais, creio que Deus não vai permitir que eu venha a padecer de fome, a não ser que seja necessário para que eu possa aprender mais alguma edificante lição.

– O senhor confia muito em Deus, não? – perguntou-lhe João Pedro.

– Confio, mas só confiar não basta.

– Não basta?

– Existem muitas pessoas que acham que basta confiar em Deus para que tudo lhe caia dos céus, mas as coisas não funcionam assim.

– Não?

– Não. É preciso que façamos a nossa parte para que a vida e os bons Espíritos, mensageiros de Jesus, venham em nosso auxílio. Deus criou tudo tão perfeito, que basta que façamos o bem para que a força das coisas e da vida nos favoreça. Mas é preciso que o façamos com sinceridade no coração.E não se pode olvidar que devemos fazer o bem até o limite de nossas forças. Foi o que nos ensinaram os Espíritos Superiores, através das obras de Allan Kardec. Porque fazer o bem com apenas o que nos sobra, não é o suficiente para fazer disparar o grande canhão de auxílio que a vida aponta para nós quando seguimos os ensinamentos do Mestre Jesus, que nos disse que quando dermos de beber, de comer e de vestir a um semelhante que tem sede, fome e frio, é a Ele que estaremos dando.

– Muito bonitas essas suas palavras, que tão bem

expressam a pureza de seu coração, seu Ubaldo – falou, muito emocionado, Ambrosino.

– Ainda sou muito pequeno, meu amigo, e tenho muitos defeitos a serem corrigidos. Apenas estou tentando vivenciar o que acredito ser o mais correto e que, antigamente, só admirava nas outras pessoas, achando que somente os outros teriam que fazer o bem. E venho fazendo o que posso em minha caminhada.

– Nem sei mais o que lhe dizer ou perguntar, seu Ubaldo. Nem tenho mais palavras – confessou Ambrosino, ainda emocionado.

E o silêncio passou a reinar por alguns minutos até que o andarilho disse:

– E eu estou muito feliz de ter estado aqui com vocês. São pessoas muito boas que me trouxeram uma grande paz ao coração.

– O senhor poderia dizer mais alguma coisa a respeito da reencarnação? – pediu João Pedro.

O homem pensou um pouco e respondeu:

– A reencarnação, João Pedro, como já lhe disse, é a maneira mais eficaz de se corrigir os próprios defeitos, além de nos oferecer uma grande oportunidade de repararmos muitos dos males por nós cometidos no passado. Os espíritas têm aprendido muito sobre isso em relatos de Espíritos, através de livros, principalmente os psicografados por Francisco

Cândido Xavier, e através de reuniões mediúnicas, mais conhecidas por sessões espíritas.

– Sessão espírita? – perguntou, curioso, João Pedro. – Já ouvi falar alguma coisa. Vocês conversam com as pessoas que já morreram?

– Sim, em sessões espíritas se conversa com os Espíritos, através dos médiuns, que são pessoas que possuem o que é chamado de mediunidade, ou seja, a capacidade de um Espírito manifestar-se através delas.

– E como pode ser isso?

– Resumidamente, João Pedro, e de uma forma bastante resumida mesmo, o Espírito utiliza a voz do médium para que possamos ouvi-lo. Existem diversas maneiras de isso ocorrer, além de outros tipos de mediunidade. Alguns médiuns ouvem os Espíritos, outros os veem.

– Havia uma senhora que morava perto do barraco onde eu morava, que dizia ver Espíritos. Eu nunca acreditei muito, mas agora, o senhor falando...

– O senhor já assistiu a reuniões espíritas, seu Ubaldo? – perguntou Ambrosino, pois gostaria de saber como ele conseguia frequentar uma reunião, já que, na maioria dos Centros Espíritas, não era uma reunião pública, onde qualquer pessoa pudesse participar. E quase que adivinhando os seus pensamentos, o andarilho lhe respondeu:

– Já assisti a várias, sim, pois com o tempo,

acabei fazendo amigos am alguns Centros que, percebendo que eu detinha um razoável conhecimento sobre o assunto, permitiam que as assistisse.

– Pois quando desejar, poderá assistir às que realizamos. Na verdade, sou o coordenador de uma delas.

– Eu lhe agradeço muito, seu Ambrosino.

– E o senhor poderia nos falar a respeito de alguma que assistiu? – solicitou João Pedro.

– Seu Ambrosino poderá lhes falar com mais propriedade que eu.

– Pois fale você, seu Ubaldo.

– Bem, na maioria das vezes, essas sessões têm a finalidade de auxiliar Espíritos necessitados, mas, às vezes, se comunicam Espíritos para trazer às pessoas algumas lições de vida, bem como estímulo para o trabalho. Particularmente, gosto muito de ouvir, quando tenho oportunidade, a comunicação do Espírito de um escravo que desencarnou em idade bem avançada. Nós costumamos chamar esses Espíritos de "pretos velhos".

XIII

O PRETO VELHO

– E como ele se apresenta? Alguma pessoa consegue vê-lo? – perguntou João Pedro, demonstrando bastante curiosidade.

– Sim. Geralmente, nessas reuniões tem um médium que chamamos de médium vidente.

– E como esse médium o vê? – insistiu o rapaz.

– Ele costuma se apresentar como quando escravo, ou seja, vestido com uma calça e camisa branca, de um tecido bem grosso, e seu corpo como era, também. No caso desse Espírito, ele se apresenta com bigode, cavanhaque e pés descalços.

– E por quê? – perguntou o rapaz.

– O Espírito pode se apresentar como deseja ou, no caso de Espíritos ainda bastante inferiores, com uma aparência plasmada pela sua índole, muitas vezes com grotesca caracterização. No caso desse preto velho, diz ele que essa foi a melhor de suas encarnações. A mais proveitosa, em termos de evolução espiritual.

– Não consigo entender.

– Esse preto velho, um exemplo de humildade, falava que essa encarnação de sofrimentos lhe trouxe um grande aprendizado de humildade, e uma grande oportunidade de resgatar seus erros do passado, em outra encarnação.

– Em outra encarnação?

– Sim. Ele disse ainda não saber como ela foi, mas que tem certeza absoluta de que, reencarnando como escravo e passando por todas as vicissitudes por que passou, somente pode crer que teria vivido uma outra vida de muitos erros e prejudicado muitas criaturas, principalmente pelo despotismo e pela provável arrogância que deveria ter cultivado.

– E que veio assim, nessa encarnação, para aprender o que seria sofrer na própria pele o martírio de ter sua liberdade cerceada pela escravidão e vivenciar o que é sofrer com a arrogância e o despotismo, certo? – perguntou Lurdes.

– Isso mesmo, filha. – E contou algo muito interessante do ponto de vista da culpabilidade que angariamos e que nem fazemos ideia.

– Culpabilidade?

– Disse ele que, quando desencarnou, passou algum tempo num local de refazimento e aprendizado e que, assim que se viu em condições de trabalhar para o bem, sua primeira tarefa lhe trouxe muita surpresa.

– Não estou conseguindo acompanhar muito bem – disse o rapaz. – Essa história de trabalhar para o bem... Os Espíritos trabalham?

– Sei que muita coisa do que está ouvindo hoje, João Pedro – diz Ambrosino –, é uma novidade para você, que nunca ouviu falar sobre tudo o que preceitua a Doutrina Espírita, através dos Espíritos que ditaram as diretrizes e as revelações do mundo espiritual, alicerçados pelos ensinamentos de nosso irmão maior, Jesus. Mas não se preocupe em querer compreender tudo agora, com poucas palavras. Já lhe disse que, quando quiser, poderei lhe explicar melhor tudo isso.

– Eu gostaria, sim, mesmo que não venha a crer nessa doutrina.

– Apenas para responder em parte esse seu questionamento, João Pedro, devo lhe informar que a vida não termina com a morte e nem pense que os Espíritos desencarnados ficarão em eterna ociosidade. A vida, em todos os sentidos e planos, é dinâmica e ninguém conseguiria ser feliz na inércia.

– Muito bem explicado, seu Ubaldo – concordou Ambrosino. – Mas, continue com a história desse preto velho. Qual foi a sua primeira tarefa?

– Contou-nos ele que o Espírito encarregado de direcionar seus primeiros passos no trabalho do bem, disse-lhe que seria necessário que ele procurasse socorrer um outro Espírito desencarnado que muito necessitava de auxílio e que ele, preto velho, tinha muitas dívidas para com esse sofredor que, numa região de trevas do mundo espiritual, sofria as consequências de seus nefandos atos praticados.

– O preto velho tinha muitas dívidas para com esse Espírito? – perguntou Lurdes.

– Sim. E esse preto velho ficou ainda mais intrigado quando seu mentor espiritual lhe revelou que essa dívida teria surgido numa outra encarnação anterior e que teria sido ampliada em sua última encarnação.

– Como escravo?

– Como escravo...

– Mas como pode ter sido isso? Ele, por acaso, teria cometido algum crime?

– Foi o que o preto velho perguntou, pois não conseguia entender como ele, que só sofreu com a escravidão, obrigado que era a cumprir todas as ordens que lhe eram dadas, pois, senão, seria castigado, poderia ter prejudicado a quem quer que fosse.

Lurdes se empertigou na cadeira e insistiu:

– Então? O que ele poderia ter feito?

Seu Ambrosino sorriu diante da estupefação da

filha, pois já podia imaginar o que seria isso. E o andarilho, também sorrindo, continuou:

– E você vai ficar mais espantada quando eu lhe disser o que o Espírito respondeu ao velho escravo.

– E o que foi?

– Ele lhe disse que esse Espírito sofredor que ele teria que auxiliar e que ele teria tido culpa em seu sofrimento, também na última encarnação, quando viveu como escravo, era o mais temível dos feitores que trabalhava na fazenda e que muito o tinha castigado.

– E o preto velho?

– Também ficou muito espantado com essa resposta do Espírito e lhe disse não estar entendendo nada. Foi quando esse seu mentor lhe forneceu toda a explicação.

– E que explicação foi essa? – perguntou a moça, muito curiosa.

– O Espírito lhe explicou que não seria por um acaso que esse feitor detinha muito ódio pelos escravos, tendo em vista que, em outra encarnação esse povo, com muitos de seus membros, agora reencarnados juntos novamente, mas em outra situação, haviam causado muitos malefícios a ele e a outras pessoas.

– E como essa dívida poderia ter sido ampliada nessa encarnação como escravos?

– Porque esse feitor, assim como muitos outros,

e mesmo fazendeiros e outros tantos escravocratas, não conseguiram se esquecer do que lhes havia sido causado em outra vida...

– Como não esqueceram? Porventura o Espírito que reencarna lembra de suas anteriores encarnações? – perguntou João Pedro.

– Não, meu rapaz, ninguém se lembra, porque senão a vida seria muito difícil de se viver, mas muitos sentimentos, sejam de amor ou de ódio, podem nos acompanhar em novas vidas de uma maneira latente, em nosso inconsciente. No caso desse feitor, ele não se lembrava de nada, mas possuía um forte ódio por esses Espíritos encarnados, independentemente da cor de sua pele.

– E haveriam de se esquecer?

– Sim. Muitos já ouviram um dia, seja no plano material, seja no plano espiritual, pessoas que os esclareceram quanto à necessidade do perdão, como Jesus nos ensinou.

– E que culpa teria o preto velho pelo fato de esse homem não ter assimilado os ensinamentos ouvidos um dia?

– Porque eles necessitavam desse reencontro e, dessa forma, ampliaram esse sentimento de ódio. Na verdade, foram os causadores da quebra da cadeia natural da evolução dessas pobres criaturas.

– Muito boa essa explicação, seu Ubaldo.

– E o que aconteceu com o preto velho a partir desse instante?

– A exemplo de outros tantos, engrossou as fileiras de escravos que procuravam reconquistar essas criaturas vingadoras, trazendo-as para a luz, com suas suplicantes e extenuantes rogativas junto a esses sofredores.

– Meu Deus! – exclamou Lurdes. – De algozes, passaram a vítimas.

– A exploração do semelhante, por força da ganância, do egoísmo e da busca pelo poder, é um dos erros mais profundos, que somente o ato de ceder ante esses sentimentos, é que iniciará a terapia das mentes doentias e aprisionadas, através de, muitas vezes, séculos, permutando de posição, os algozes e as vítimas.

– E esse preto velho? Ainda trabalha nessa tarefa?

– Nessa e em muitas outras. Trata-se de um verdadeiro trabalhador de Jesus, a resgatar, auxiliar e amparar infelizes.

– O senhor já o viu alguma vez, quer dizer, o senhor tem vidência?

– Já tive esse privilégio em algumas oportunidades.

– Através da vidência? – insistiu Lurdes na pergunta.

– Digamos que sim.

– E já o ouviu falar sobre outros assuntos nesse Centro Espírita?

– Nesse e em outros.

– Quer dizer que ele se comunica em outros Centros? – perguntou a moça, bastante interessada.

– Oh, sim. Os Espíritos não se restringem a comunicar-se em apenas um local.

– E o senhor se lembra de mais alguma comunicação dele?

– Ele gosta muito de contar histórias, sempre muito instrutivas.

– Conte-nos uma – pediu João Pedro.

Ambrosino sentia-se muito satisfeito com o interesse do rapaz pelo assunto. Além do mais, essa seria uma boa justificativa de lhe passar o caderno.

– Certa vez, ele nos contou a história de um negro, que era tratado por Donga, que vivia mais infeliz que os outros escravos porque, quando foi vendido para o coronel que era seu patrão, sua companheira e seu filhinho foram vendidos para um coronel de uma outra fazenda, separando-os dessa forma.

– Meu Deus, que crueldade! – exclamou Lurdes.

– Naquela ocasião, minha filha, os negros escravos eram tratados como se fossem animais e muitos brancos não acreditavam que eles tivessem sentimentos.

– Que horror!

– E assim se passaram alguns anos sem que o infeliz soubesse a respeito do paradeiro de sua companheira e de seu filhinho, até que, com a vinda de mais alguns escravos para a fazenda, foi informado que eles se encontravam numa propriedade não muito distante dali, de um fazendeiro, ferrenho inimigo do coronel, seu dono e senhor.

– E o que ele fez ao saber disso?

– Donga vivia constantemente dizendo que iria fugir para encontrar-se com a sua família, no que era aconselhado pelos mais velhos a que não tentasse porque, para isso, teria que percorrer intensa mata e que, certamente, os empregados do patrão o caçariam, e com certeza o alcançariam e o matariam como exemplo para os outros. Na verdade, esses empregados, melhor alimentados, teriam condições de apanhá-lo, porque sua ausência seria notada quase que prontamente. Durante o dia, eram vigiados no trabalho e, à noite, sentinelas guardavam a senzala.

– E conseguiriam alcançá-lo?

– Com toda a certeza. Havia muitas trilhas dentro da mata, mas quando acontecia um caso destes, Lorde localizava prontamente a trilha certa.

– Lorde?

– Sim. Lorde era um cão que o coronel havia adquirido e que era de uma raça de apurado faro e fora treinado para localizar escravos fugitivos.

– E daí? O que ele fez? Ele conseguiu? – perguntou João Pedro, ansioso por saber o desfecho.

O velho sorriu e, pedindo calma ao rapaz, continuou:

– Na verdade, essa história contada pelo preto velho pouco tem de especial, apenas ele quis nos mostrar como o amor, até pelos animais, pode nos trazer bons resultados quando estamos dispostos a fazer o bem.

– Pelos animais?

– Sim, e tudo deu certo nessa história por causa de um outro personagem: um negro chamado Antonio.

– E o que fez esse Antonio? – perguntou, desta vez, Lurdes, pergunta essa seguida de risadas, diante do fato de até ela estar ansiosa.

– Bem, o negro Antonio tinha um trabalho mais suave na fazenda. Ele era incumbido de fazer a limpeza da sede, do cavalo do coronel, enfim, serviços que as negras que cuidavam da limpeza e da comida da casa grande não teriam condições de fazer. Ele tinha que providenciar a lenha para o fogão e, também, cuidar de Lorde.

– E o cão era muito bravo?

– Não chegava a ser tão bravo, e era muito amigo

de Antonio. Aonde o rapaz ia, ele o acompanhava. Gostava mais dele que do coronel, porque era Antonio quem lhe dava a alimentação diária e lhe fazia muito carinho, brincando sempre com ele. E era um cão muito inteligente, pois fazia muitas brincadeiras a uma simples ordem de Antonio.

– Acredito que Donga não deveria gostar muito de Antonio, pois além de ter um serviço mais leve, ainda divertia o cão que, certamente, o localizaria se fugisse – comentou João Pedro, tentando uma dedução lógica.

– Isso é verdade. E até ficou mais indignado ainda quando um dia, às escondidas, viu Antonio brincando com o cão, escondendo bem longe a própria camisa e soltando-o para que ele a localizasse. E Lorde acabou se tornando um especialista nisso, por mais longe o escravo escondesse.

– E com razão essa indignação, seu Ubaldo – opinou Lurdes.

O velho sorriu e continuou:

– E se querem saber mais, um dia, Antonio conseguiu falar com o coronel e lhe mostrou o que havia ensinado a Lorde, dizendo-lhe que, dessa maneira, ele poderia localizar mais facilmente o fugitivo. O coronel ficou muito satisfeito e até recompensou o rapaz com um bom prato de comida. E lá se foi Antonio comer a refeição que dividiu com o cão e ficaram deitados, depois, numa relva, um ao lado do outro. Eram grandes companheiros e se divertiam muito juntos.

– E o que isso tem a ver com a vontade fugir de Donga? – interrompeu João Pedro, já sorrindo, pois sabia que estava sendo ansioso novamente. E todos riram.

– Bem, agora, vamos ao fim da história.

– Oba! – bradou Lurdes e, agora, as gargalhadas ecoaram defronte da casa.

– Passados alguns dias, Antonio procurou Donga que, ressabiado, ouviu o que ele tinha a lhe dizer. E a conversa foi assim – disse Ubaldo, agora representando o diálogo:

– *Você acha que dará certo, Antonio?*

– *Se você correr como um raio, Donga, tenho certeza. E depois da mata, saberá como chegar à fazenda?*

– *Sei e também tenho certeza de que o coronel de lá me acolherá como escravo e não me devolverá. Os dois coronéis são inimigos mortais e tenho certeza, também, que nem nosso patrão irá me procurar lá e nem terá a ousadia ou a humildade de me pedir de volta.*

– *De qualquer maneira, o risco é seu, Donga.*

– *Corro esse risco.*

– *Então, estamos combinados. Pegue a minha*

camisa e me dê a sua – completou Antonio, depois de traçar mais alguns detalhes sobre o plano de fuga.

– Trocaram de camisa?

– Trocaram, Lurdes. E você nem desconfia o porquê?

– Pois eu sei – afirmou João Pedro, enquanto Ambrosino se divertia com a história e com o interesse dos moços.

– Por que, João Pedro?

– Porque Antonio deveria estar com más intenções. Afinal de contas, o cão localizaria facilmente Donga, principalmente se ele vestisse sua camisa.

– Mas não foi assim que tudo aconteceu e nem era essa a intenção de Antonio.

– E como foi?

– Aconteceu assim: logo de manhã, Donga saiu correndo em direção à mata, levando a camisa em uma das mãos e uma razoável pedra na outra. Logo foi dado o alarme da ausência do negro no campo de trabalho.

– Soltaram Lorde atrás dele? – perguntou o moço.

– Não imediatamente porque, propositalmente, Antonio havia se deslocado para o outro extremo com o cão e, até que conseguissem localizá-lo, demorou alguns bons minutos.

– E quando o encontraram?

– Daí ele fez a sua parte: correu com o cão para o início da mata, acompanhado de mais quatro homens armados. Soltou Lorde e lhe deu a ordem.

– Qual era a ordem?

– A camisa, Lorde! A camisa! E a caçada, então, começou. O cão à frente, a farejar, e os homens a segui-lo. Até Antonio foi junto. De repente, o cachorro pareceu encontrar bem o rastro e disparou à frente.

– Eu não tenho nenhuma ideia sobre o que pode ter acontecido.

– Depois de correrem por um bom espaço de tempo, estacaram.

– O que aconteceu?

– O cão havia parado à beira de um pequeno córrego e ficou a latir para a outra margem. E os homens gritaram: – "Ele atravessou o córrego! Vamos lá! Vamos lá! Agora ele não nos escapa! Não tem saída! Ele vai ficar entre a mata e a represa! Nós vamos pegá-lo!"

– E atravessaram o córrego?

– Sim. Os homens e Antonio que, mais ágil, chegou primeiro à margem, junto com o cão que, avançando por mais alguns metros, encontrou a camisa enrolada na pedra que Donga, instruído pelo escravo, havia arremessado para a outra margem, bem no local que este lhe havia sugerido. Imediatamente, e antes que os outros homens chegassem, Antonio atirou a camisa na água que, com o peso da pedra, afundou, levando consigo o segredo da fuga. E tudo isso foi o suficiente para que Donga tivesse o tempo necessário para fugir.

– E Donga?

– Depois de muito tempo, os escravos tiveram a notícia de que ele se encontrava em seu destino junto à sua mulher e o filho.

– E o coronel? – perguntou Lurdes.

– E Antonio e Lorde?

Ubaldo sorriu e deu o desfecho;

– De acordo com o relato do preto velho, o coronel ficou muito furioso, mas não chegou a desconfiar do plano. De qualquer maneira, mandou Antonio de volta á senzala, para os serviços mais pesados e lhe ordenou que levasse o cão com ele e que nunca mais queria vê-lo. E se querem saber as lições desta história, preto velho nos disse que poderíamos tirar valiosos ensinamentos dela. Um deles é que tudo isso foi possível por causa do amor e do carinho que Antonio dedicava ao cão. Também poderemos compreender perfeitamente o grande sacrifício que ele fez em benefício de Donga, porque, com toda certeza, sabia sobre o risco que estava correndo e que o mínimo que poderia acontecer com ele seria o de voltar para a senzala. Mas ele fez tudo isso porque tinha um bom coração e não conseguia ser feliz naquelas funções mais amenas da casa grande, sabendo que um seu irmão tanto sofria com a separação da mulher e do filhinho. E é isso que os Espíritos do bem fazem: sacrificam-se junto a nós para poderem nos ajudar, muitas vezes, quando desencarnados e outras tantas como encarnados, oferecendo-se para receber, se for necessário, irmãos infelizes, no seio de sua família. Principalmente, as mães que se sacrificam pelos filhos e que, por isso, não temos nunca o direito de torná-las infelizes por hábitos mal pensados de nossa parte. Que tudo devemos fazer para recompensá-las, estejam elas do lado de cá, estejam elas do lado de lá da vida.

E Ubaldo disse essas últimas palavras olhando fundo nos olhos de João Pedro que, emocionado e em lágrimas, abraçou o velho andarilho, a tudo começando a compreender.

XIV

O CADERNO

No dia seguinte, por volta das onze horas, quando o movimento diminuiu no armazém, João Pedro, aproximando-se de Ambrosino, lhe disse:

– Gostei muito da festa, ontem.

– Eu também, principalmente com a presença de seu Ubaldo. Você gostou da conversa que tivemos com ele?

– Era sobre isso que gostaria de lhe falar.

– Pois fale.

– É que...bem...eu percebi alguma lógica quando falaram sobre a Doutrina Espírita, principalmente no que se referiu à reencarnação. E também fiquei muito curioso a respeito da possibilidade de os mortos, ou melhor, de os Espíritos, se comunicarem com os que ainda se encontram aqui na Terra. Na verdade, apenas senti interesse, pois não consegui entender muito bem toda essa questão. O que eu poderia fazer para estudar um pouco a esse respeito?

– Fico contente que tenha se interessado, João Pedro, e posso lhe dizer que tenho alguns livros que, com certeza, colocarão você a par desses conhecimentos. E posso lhe emprestar, mas gostaria de que, antes disso, você respondesse a um questionário que costumo entregar às pessoas que se interessam pelo assunto. Penso que essas perguntas lhe serão de grande valia.

– Perguntas? Não seria eu que teria de fazer as perguntas?

– Realmente, o mais correto é que eu lhe forneça respostas para muitas perguntas que devem ter passado pela sua mente, depois daquela conversa de ontem. E serão esses livros que as darão, mas, mesmo assim, gostaria que procurasse responder às perguntas desse questionário.

– Farei isso, sim, seu Ambrosino. Se o senhor acha que isso é importante, eu o atenderei.

– Na verdade, meu rapaz, são perguntas que o ajudarão a formar um raciocínio básico, facilitando, assim, a leitura dos livros. Não que isso seja imprescindível. De maneira alguma. Somente a leitura dos livros seria suficiente para dirimir suas dúvidas e esclarecê-lo quanto à doutrina dos Espíritos. Mas tenho fornecido esse questionário às pessoas que se interessam pelo Espiritismo e ele as tem ajudado muito.

– E quando o senhor poderá me arrumar esse questionário?

– Pois tenho um aqui comigo.

Dizendo isso, Ambrosino foi até um pequeno armário, onde guarda alguns de seus pertences, e voltou de lá com um caderno escolar de poucas páginas e o entregou a João Pedro, que o abriu em uma página qualquer e, sem prestar muita atenção no que ali estava escrito, perguntou:

– De quem é esta letra?

– De Lurdes. Foi ela quem quis copiar para você. Já fizemos várias cópias destas para distribuir a interessados. Às vezes, minha esposa faz as cópias e minha filha começou também a providenciá-las. Mas não gostaria que começasse a ler agora.

– Oh, sim – concordou o rapaz, fechando o caderno.

– Gostaria que o lesse numa hora em que estivesse sem nada o que fazer, sem nada que desviasse sua atenção. Talvez, à noite, em seu quarto.

– O senhor tem razão. Vou começar a lê-lo hoje à noite.

– E não tenha pressa. Leia-o com calma e

procure responder intimamente às perguntas que ele encerra.

– E o senhor não gostaria de me explicar como devo fazê-lo?

– Não é necessário. Na primeira página, ele lhe dirá como fazer e procure seguir todas as orientações, sem nenhum preconceito.

– Muito obrigado, seu Ambrosino. Vou levá-lo ao meu quarto e guardá-lo na gaveta do guarda-roupa. À noite, começarei a leitura.

Dizendo isso, João Pedro levou o caderno até o quarto e voltou imediatamente.

– Se quiser, já poderá ir almoçar. Quando voltar, eu irei.

– É...já está na hora. Até mais, seu Ambrosino.

– Até mais.

***

É noite e João Pedro, após banhar-se e comer alguma coisa, apanhou o caderno e sentou-se à pequena mesa em seu quartinho. Permaneceu alguns segundos olhando para o caderno, ainda fechado, e pensou, satisfeito, vindo à sua lembrança o rosto de Lurdes:

– Foi ela quem fez esta cópia e, por lógica, deve acreditar nisto tudo. Vou lê-lo com toda a atenção.

E, imediatamente, abriu a primeira página, que continha no canto direito uma numeração e, abaixo, um texto, que percebeu ser uma instrução:

1ª página

Este caderno contém um questionário.

Se responder sinceramente a cada pergunta, com toda a certeza, encontrará as verdades que seu coração tanto anseia e obterá a luminosa chave que lhe abrirá todas as portas para a grande felicidade que almeja.

– Procurarei responder com toda a sinceridade – prometeu a si mesmo, virando a folha.

2ª página

Antes de começar a responder as perguntas, é necessário que faça uma reflexão sobre a existência de Deus, nosso criador.

Para tanto, disponho abaixo algumas considerações, adaptadas de uma obra de inestimável valor.

Leia-as com atenção e reflita, com sinceridade e muita humildade.

<u>Onde se pode encontrar a prova da existência de Deus?</u>

Com certeza, poderemos encontrá-la no mesmo pensamento que a ciência aplica em seus estudos que diz que não há efeito sem causa.

Dou-lhe um exemplo bastante prático: para se fazer queimar alguma coisa, é necessário que se ateie fogo, seja através de um fósforo aceso, seja através de um raio, cuja descarga elétrica possui alta temperatura. O fósforo aceso ou o raio é a causa e o efeito é o incêndio.

Mas foi o homem quem criou ou inventou o enxofre, o salitre e o carvão que são os componentes da pólvora, utilizados na fabricação do fósforo? Foi o homem quem criou ou inventou a árvore, cujo tronco lhe forneceu a matéria-prima necessária para que ele fizesse o palito do fósforo?

O homem planta novas árvores, mas para tanto é preciso que ele utilize as sementes que já existiam desde a criação do mundo. Ele não as criou, apenas as recolheu de árvores que ele não inventou.

Portanto, para se crer em Deus, basta lançar os olhos sobre as obras da criação.

Se o Universo existe é porque ele tem uma causa, e somente uma força muito superior, que denominamos Deus, pode tê-lo criado.

Existe um provérbio que diz que pela obra se reconhece o artesão.

Olhe para o fósforo, procure o artesão e encontrará o homem.

Olhe para o carvão, para o salitre, e o enxofre, e procure o artesão.

Olhe para o raio e procure o artesão.

Deslumbre-se com a natureza e procure o artesão.

Olhe para seu próprio corpo. Procure a causa de sua vida e verá que ela depende do sangue que lhe corre nas veias, bombeado pelo coração.

E se questione: o que faz com que seu coração se movimente como uma bomba por tantos anos, ininterruptamente?

Procure o artesão.

A própria inteligência humana tem uma causa e não foi o homem quem a criou.

Procure o artesão e, se tiver a humildade suficiente para se livrar do orgulho que não vê nada além da inferioridade humana, encontrará Deus, nosso pai e criador.

Pai e criador de um ser ainda

engatinhando na escalada da evolução.

Um pobre ser, que um sopro de Deus pode abater!

E não creio que exista alguém que não acredite em Sua existência. Creio, sim, que existam pessoas que não têm certeza, mas que, certamente, gostariam de ter.

3ª página

Explicações necessárias a respeito deste questionário

A partir das próximas páginas, começaremos com as perguntas.

Você não precisa respondê-las por escrito.

Basta que as responda mentalmente e com muita reflexão e sinceridade.

Após meditar sobre elas e sobre uma provável resposta, passe à página seguinte e encontrará soluções que o farão raciocinar sobre os segredos da vida que, com toda certeza, o levará a trilhar um caminho certo e seguro para a verdadeira felicidade.

Importante: Talvez, por causa de alguns conceitos aqui contidos, você se veja tentado a desistir, por não concordar com eles. Não desista e continue, pois verá que, com o transcorrer do questionário e de outras explicações, esses conceitos passarão a ser de grande lógica para você.

4ª página

(em branco)

5ª página

Você acha que a vida termina com a morte?

João Pedro, que se encontrava debruçado com os cotovelos sobre a mesa, recostou-se no espaldar da cadeira, direcionou seu olhar para a parede à sua frente, deixando seus pensamentos fluírem livremente.

– Até ocorrer a morte de mamãe – pensou –, nunca havia me preocupado com isso. Mas, agora, não posso imaginar que tudo termine com a morte ou, pelo menos, gostaria que não fosse assim, pois anseio muito em encontrá-la um dia. Mas como ter certeza?

E não teve a paciência de pensar um pouco mais a respeito do assunto, virando a página para ler o que se encontrava em seu verso. E lê:

6ª página

Passe para a próxima pergunta.

– Passar para a próxima pergunta? Ele não tem a resposta?

E dizendo isso, volveu o olhar para a página seguinte.

7ª página

Já ciente da existência de Deus, acha que Ele nos criaria para que a morte nos destruísse com pouco mais de cinquenta ou sessenta anos de vida ou uma ou duas décadas a mais? Acredita que Ele estaria brincando conosco, seus filhos, fazendo com que uns sofressem pouco ou nada sofressem com a vida, e outros a vivessem como um vale de sofrimentos físicos ou morais? Que uns nascessem com saúde e outros doentes ou até aleijados? Que uns passassem pela experiência da morte calmamente e outros, com atrozes dores, muitas vezes, do câncer, a lhes corroer as entranhas? Que uns morressem velhos e outros na mais tenra idade? O que pensa sobre isso?

– Meu Deus! – exclamou João Pedro em voz um tanto audível. – Nunca havia pensado nisso. Minha mãe veio a morrer moça ainda e assassinada por um malfeitor! Por que isso não aconteceu com dona Adalgisa ou com qualquer outra senhora aqui do bairro? E eu, que sofro tanto com isso? E o ódio que se instalou dentro de mim? Isso não está acontecendo com outras pessoas.

– E não é só isso – continuou a raciocinar: – A vida que eu e mamãe levamos, muitas vezes passando fome e frio... Tem que haver uma explicação para essas desigualdades. Será que este questionário terá a resposta para tudo?

Nesse momento, João Pedro lembra-se de uma frase que sua mãe sempre dizia ao agradecer uma esmola: "Que Deus o abençoe, filho preferido de Deus".

– Talvez mamãe achasse que os que possuíam alguma coisa eram os filhos preferidos de Deus. Preciso encontrar uma resposta para isso neste questionário.

E, em seguida, virou rapidamente a folha, encontrando os seguintes dizeres:

8ª página

Você acaba de perceber que a morte não poderia acabar com tudo porque, senão, onde estaria a justiça e a bondade do Pai, não é? Agora, se você ainda acha que toda a nossa vida termina com a morte, é porque não está acreditando na existência de Deus, o que não posso acreditar, pois se leu as primeiras considerações a respeito Dele, nas primeiras páginas deste questionário, tenho plena certeza de que, inteligente como é, já percebeu que somente um Criador poderia ser a causa de todo o efeito que o homem não pode causar.

Já pode passar para a próxima pergunta.

– Ambrosino tem razão. Tem toda a razão e penso... penso, não... tenho certeza da existência de Deus. Vou continuar a ler este questionário.

9ª página

Você acredita na existência de um Céu e de um Inferno, como pregam alguns pensadores religiosos, para onde irão os bons ou os maus, depois da morte?

– Penso que existam, sim. Afinal de contas, deve haver uma recompensa para os bons e um castigo para os maus, pois, senão, Deus também seria injusto. Mamãe mesmo, deve estar agora no Céu, pois só sofreu e nunca fez mal a ninguém.

E nesse momento, João Pedro teve um pensamento que o deixou um pouco confuso porque sabia que existiam também pessoas muito boas e que nunca sofreram o que sua mãe sofreu na vida.

Logicamente as duas iriam para o Céu, mas só que uma, após muito sofrer e a outra, sem ter passado por nenhuma dificuldade.

– Esta questão me parece sem saída: duas pessoas vão para o Céu, após a morte, mas com a diferença de que uma sofreu e a outra não ou muito pouco, se comparada com a primeira.

E ainda com essa questão a lhe fervilhar na mente, passou para a outra página, cuja questão veio se somar a essa dúvida.

10ª página

Se você chegou à conclusão de que existem Céu e Inferno, terá que pensar agora por que duas pessoas boas que mereçam o Céu e que para lá são transferidas, após a morte, tiveram vidas diferentes, ou seja, umas sofreram muito e outras, não.

Além do mais, não podemos crer numa punição eterna denominada inferno, pois senão, have-

ria aí uma grande injustiça por parte do Criador, que possa dar essa destinação a um pecador que morre com idade madura e vai para esse inferno, se compararmos, com um bebê que morre em tenra idade e não teve a oportunidade de demonstrar que, se vivendo até essa mesma idade madura, teria merecimento para ir para um paraíso ou para um local de padecimentos.

– Muito inteligente esse meu amigo Ambrosino. Sabedor de que algumas pessoas que lerem este questionário, não cheguem a ter esse pensamento, ele o sugere. E eu o tive antes que ele sugerisse. Vejamos o que me aguarda na próxima pergunta.

11ª página

E você acredita que um ser humano que conseguiu viver até os cinquenta, sessenta, setenta ou oitenta anos ou, talvez, um pouco mais, já possua condições de ir para um Céu que, como apregoam muitas religiões, é um lugar de felicidade eterna, um verdadeiro paraíso? Não acha muita pretensão do homem achar que com tão pouco tempo de vida já tenha alcançado essas condições?

João Pedro muito se perturbou com essa pergunta.

– Realmente – pensou –, seria muita pretensão. Mas onde estará, então, minha mãe? Será que irei encontrar essa resposta neste questionário? Minha mãe era tão boa, que não consigo imaginá-la em outro lugar que não seja o Céu.

E foi para a outra página.

12ª página

Imagino tê-lo deixado um

tanto confuso, meu amigo, mas essa é uma realidade indiscutível.

O ser humano é pretensioso demais, moldando religiões mais para servi-lo do que para ser um instrumento de que ele possa se utilizar para servir, e não prestando muita atenção nas lições que Jesus nos deixou. Pensa que apenas cumprindo certos rituais e decorando textos bíblicos possa ser galgado a altos escalões de felicidade eterna, enquanto que outros, pecadores, devam ser condenados a um sofrimento, também eterno.

13ª página

Continuando com o pensamento da página anterior, lhe pergunto:

Você acha que alguém que, digamos, possuísse condições de ir ter a um paraíso, após a morte, conseguiria ser feliz, sabendo, por exemplo, que um ser muito amado, um filho, talvez, estivesse num lugar de muito sofrimento, num inferno eterno? Você conseguiria? Ou tentaria socorrê-lo?

– Isso também é verdade. Penso que se eu morresse e fosse condenado a uma pena eterna, minha mãe não conseguiria ser feliz, por melhor fosse o paraíso em que estivesse. Mas...

E disparou para a próxima página.

14ª página

Quem ama, não pode ser feliz com o sofrimento da pessoa amada. E se Deus condenasse um filho a um sofrimento eterno, o que di-

zer de Sua bondade já que nem um pai ou uma mãe terrena faria isso? Um pai que ama seu filho está sempre pronto a perdoá-lo e lhe dar quantas oportunidades forem necessárias para vê-lo feliz. Você acha que Deus não seria tão bom quanto um pai terrestre? E Jesus não nos ensinou a perdoar setenta vezes sete? Na verdade, o perdão implica em nova oportunidade.

E se você está se perguntando, agora, por que o homem aprisiona aquele que mata, aquele que rouba, a resposta é simples: O homem que comete delitos tem que ser, de momento, aprisionado, para que não mais os cometa e, também, para que sirva de exemplo. E, mesmo uma prisão perpétua no mundo terrestre não é eterna, já que a vida continua após a morte e ela é infinita. O que acontece de errado, na maioria dos países, é que seus legisladores não se dão conta de que uma prisão não tem somente a finalidade de isolar o criminoso da sociedade, mas principalmente de reeducá-lo, para que entenda que não deve cometer mais nenhum delito.

– É impressionante! Parece que seu Ambrosino sabe até o que a gente viria a pensar após uma sua colocação.

João Pedro volveu, então, o olhar para o relógio.

– Ainda é cedo e não sei se vou conseguir parar de ler, a não ser que em alguma destas páginas ele peça isso.

15ª página

E já que falamos em nova oportunidade, como você acha que poderia ser essa nova chance que Deus concede às suas criaturas? Como é que, por exemplo, uma mãe poderia auxiliar um filho, se ela estivesse num lugar de alegrias e ele, de sofrimentos, numa região, na verdade, plasmada pela mente doentia e pecadora desses infelizes? Uma região em que impera o mal e que os mais fortes, os mais maldosos dominam os mais fracos? Você não acha que ela gostaria de resgatá-lo, após convencê-lo a seguir o caminho do bem? Na verdade, os que podem habitar, o que é denominado pelos homens de Paraíso ou Céu, pela bondade que os legitimou a viver nesses lugares, não fazem outra coisa a não ser trabalhar em benefício dos que se perderam na Terra, através de sentimentos impuros. Essa é a grande felicidade que sentem cada vez que logram resgatar irmãos desviados e que se encontram em sofrimento, haja vista que a verdadeira felicidade não é a de simplesmente usufruir desse Paraíso, mas, sim, a de fazer constantemente o bem. Com certeza, essas criaturas que, a partir de agora passaremos a denominar de Espíritos, sonham com o dia em que todos os que habitam a Terra possam estar junto delas nesse Céu. E quando conseguem resgatar esses infelizes e convencê-los de que muito erraram e muito mal fizeram quando na Terra, o que você acha que esses incautos, agora cientes dos ensinamentos de Jesus, gostariam de *fazer para se redimirem e se transformarem, realmente, em filhos do Bem?*

João Pedro, nesse momento, já começou a ver uma grande lógica nas palavras ali escritas por Ambrosino.

– Deixe-me raciocinar um pouco – pensou, lembrando-se de que, no início do questionário, lhe foi solicitado refletir sobre esses assuntos. – Se a vida não termina com a morte; se, realmente, ninguém poderia ser feliz sabendo que um ser amado é infeliz; se aquele que tanto mal cometeu toma consciência de seus erros e quer se modificar, o que ele poderia almejar? Bem... penso que, pelo menos se fosse comigo, gostaria de reparar o mal cometido para poder, então, seguir um novo caminho. Mas como?

16ª página

Certamente, já está compreendendo tudo o que leu e já deve estar vendo uma grande lógica em tudo isso. Talvez até já tenha encon-

trado um caminho, uma maneira de esses Espíritos sofredores e, agora, cientes de seus erros, repararem o mal cometido e trilharem um novo rumo. De qualquer maneira, nas duas páginas seguintes, terá a resposta que não conhece ou a resposta a lhe confirmar o que já pensa.

17ª página

Você já ouviu falar em reencarnação?

– Reencarnação? Sim, seu Ubaldo falou a respeito – lembrou-se, passando para a outra página.

18ª página

Talvez já tenha ouvido falar em reencarnação, talvez nunca tenha tido contato com essa expres-

são. De qualquer maneira, vou lhe explicar.

Reencarnação significa retornar à Terra num novo corpo, ou seja, nascer de novo, após uma transformação do Espírito, na qual ele se restringe e é novamente concebido como corpo material no momento da concepção que ocorre entre um homem e uma mulher. Melhor explicando: a mulher fica grávida e esse Espírito reencarnante nasce novamente com um novo corpo.

Agora, vou lhe passar alguns ensinamentos um pouco mais longos, mas muito importantes para que possa entender mais claramente o que iremos discorrer daqui para a frente neste questionário. Leia com muita atenção e verá, mais uma vez, grande lógica em tudo isto.

Em primeiro lugar, todos os homens são Espíritos, criados por Deus, e esses Espíritos, quando no Plano Espiritual, local da verdadeira vida, são revestidos de um corpo denominado perispírito e que, para evoluir em direção à felicidade, Deus os faz conviver com outros Espíritos, todos revestidos, agora, além do perispírito, com um corpo carnal, que é uma cópia desse perispírito, em planos mais materializados, no caso, a Terra. E assim o é para que possam, através das dificuldades da vida terrena, aprenderem a amar uns aos outros e, depois da morte desse corpo mais material, que não é eterno e se desgasta, retornar ao verdadeiro plano da vida. Após algum tempo, diferente para cada Espírito, voltam ao plano material, reencarnando novamente, quantas vezes for necessário, para resgatarem débitos com irmãos com os quais já conviveram, livres da lembrança da anterior vida material para que possam continuar a aprender e evoluir, até que não haja mais necessidade das reencarnações. E o fato de reencarnarmos, muitas vezes, com muitas dificuldades e sofrimentos a percorrer não é castigo, mas aprendizado.

O nosso presente foi construído por nós no nosso passado e, neste presente, estamos construindo a *vida que teremos para viver no futuro. Não adianta nesta Terra conhecermos apenas a teoria. Temos que viver a prática, na reencarnação.*

19ª página

Você não acha que a reencarnação é o melhor caminho para que possamos evoluir, aprendendo nas mais diversas situações da vida, de acordo com as nossas necessidades, ou seja, irmos vivenciando os problemas e os entraves com os quais vamos nos defrontando em nossa caminhada e que ainda não conseguimos transpor? Na verdade, a prática é o ponto forte da teoria.

Mais uma vez, João Pedro se defrontou com a sua inteligência a respeito daquele assunto que já o envolvia e lhe trazia grande interesse pela lógica e pela maneira simples como era colocado por Ambrosino.

– Realmente, para que possamos ter condições de alcançar uma posição de felicidade, não bastam apenas alguns anos de vida, mesmo porque, com esse pouco tempo não poderíamos aprender sobre tudo na vida, e apenas com diversas encarnações é que conseguiríamos assimilar tantas lições. Mas... como é que isso pode ser se não nos lembramos de nossas encarnações anteriores? Não consigo entender.

E, mais uma vez, na página seguinte, as palavras ali contidas pareciam lhe adivinhar os pensamentos.

20ª página

Meu amigo, imagino que deva estar se perguntando como é que poderíamos aproveitar as diversas reencarnações se não nos lembramos das anteriores, mas vou lhe explicar.

Deus, através de Sua Misericórdia, nos propicia a dádiva do esquecimento do passado, porque, se-

não, seria impossível vivermos juntamente com as pessoas com quem temos débitos a resgatar. Você já pensou como seria difícil ou, até impossível, convivermos com uma pessoa sabendo que ela nos fez um grande mal em outra vida, ou, pior ainda, se ela soubesse o mal que lhe fizemos?

Agora, imagine uma pessoa que tenha um ódio muito intenso por outra, por causa de algum mal que ela lhe causou. Com certeza, quando ela estiver sem o corpo físico, esse ódio continuará. E como seria a melhor maneira de ela se livrar desse infeliz sentimento, que tanto a faz sofrer, porque, na verdade, o ódio traz muito sofrimento às pessoas? Apenas trocando esse ódio por amor.

E, para tanto, vai aqui um simples exemplo:

Imaginemos que você tenha um ódio muito grande por alguém e que, depois de desencarnado você reencarne, cresça, se case, tenha um filho e que esse seu filho seja essa pessoa, esse Espírito a quem você tanto odiava. Agora, não sabendo que esse seu filho era aquele mesmo Espírito a quem você tanto odiou, o que vai acontecer? Você vai amá-lo desde pequenino, vai vê-lo crescer, vai educá-lo e, se um dia, quando liberto da matéria, vier a lembrar-se de tudo o que aconteceu e que ele foi no passado aquele Espírito que tanto mal lhe fez, com toda a certeza, não vai mais conseguir odiá-lo, porque já trocou esse ódio pelo amor.

João Pedro, então, agitou-se um pouco porque compreendeu perfeitamente a colocação de Ambrosino, e ficou a pensar a respeito de sua mãe.

– Penso que ele tem razão, mas e mamãe? O que ela teria feito de tão mal para mim ou eu para ela, para que viéssemos a reencarnar como mãe e filho? Somente pode ter sido, talvez, pelo fato de eu ter-lhe feito algum mal, porque não posso imaginar minha querida mãe, tão boa e compreensiva para com todos, fazendo algo de errado em encarnação passada.

E o rapaz virou mais uma página do questionário.

21ª página

Creio que esteja pensando o que pode ter feito de errado em alguma encarnação passada, que, talvez, o esteja fazendo passar por grande dificuldade ou sofrimento. Ou, senão, esteja imaginando isso com outra pessoa, sua conhecida.

Pode ter certeza de que essa situação, se tiver sido causada por um passado de erros, o sofrimento por que se passa, nada mais é do que uma forma de aprendizado.

Digo "se tiver sido", porque existem situações que nós mesmos provocamos na vida atual, mas, em qualquer das hipóteses, tiveram causa em nossa própria invigilância.

Também tenho a lhe dizer que existem Espíritos que reencarnam em tarefa difícil, não porque estejam em situação de ter de aprender com essas dificuldades, mas, sim, a de trazer aos outros reencarnados, um exemplo de abnegação, aceitação e fé em Deus.

Em outros casos, a fim de auxiliar um outro Espírito, aceitam reencarnar em situações difíceis, exercendo, por exemplo, o papel de um pai, de uma mãe, de um filho ou uma filha. São Espíritos que se sujeitam às maiores dificuldades para fazer o bem.

Você que, neste questionário, está sendo convidado a raciocinar sobre as verdades da vida, já deve ter-se apercebido de que estamos tratando dessas verdades à luz do Espiritismo, uma religião cristã, que coloca a fé junto com a ciência, onde não há imposições de ideias, mas sim, raciocínios lógicos a respeito de uma vida que é eterna e que tem por finalidade o alcance da felicidade plena.

Existe um livro importante denominado O Evangelho Segundo o Espiritismo, no qual, muitos ensinamentos de Jesus nos são explicados de maneira mais compreensível, pois o Mestre falava através de parábolas e, na época, para um povo ainda muito ignorante. E as explicações desse livro nos foram trazidas por Espíritos de superior conhecimento através da mediunidade (falaremos sobre isso depois) e de um valioso trabalho de codificação de Allan Kardec, um incansável trabalhador do Alto, sobre o qual também falaremos no decorrer deste questionário.

E desse Evangelho, extraímos o seguinte trecho explicativo que o fará melhor compreender a reencarnação numa família. Leia com atenção o que se segue abaixo:

"...Os Espíritos que a semelhança dos gostos, a identidade de progresso moral e a afeição levam a se reunirem, formam famílias; esses mesmos Espíritos, em suas migrações terrestres, se procuram para se agruparem como o fazem no espaço; daí nascem as famílias homogêneas; e se, em suas peregrinações, estão momentaneamente separados, reencontram-se mais tarde, felizes com os novos progressos. Mas como não devem trabalhar unicamente para si, Deus permite que os Espíritos menos avançados venham a se encarnar entre eles para aí haurir conselhos e bons exemplos, no interesse do seu adiantamento; eles causam, por vezes, perturbações, mas aí está a prova, aí está a tarefa. Acolhei-os, pois, como irmãos; vinde em sua ajuda e, mais tarde, no mundo dos Espíritos, a família se felicitará de haver salvo do naufrágio os que, a seu turno, poderão salvá-la de outros."

Com a verdade acima, tudo fica mais fácil de ser entendido, não? O que pensa a esse respeito?

– É... talvez mamãe tenha reencarnado como uma pobre criatura a fim de que, me acolhendo como um filho, eu pudesse aprender com a pobreza e a necessidade. E, realmente, aprendi muito. Aprendi que existem pessoas boníssimas como seu Manuel, dona Adalgisa, seu Ambrosino, Murilo e sua mãe e não somente criaturas egoístas – pensou o rapaz.

– Mas como seria a passagem desses Espíritos quando desencarnam? Iriam todos para um mesmo lugar? Não, não deve ser. De acordo com o que acabei de ler até agora, existem alguns que vão para um lugar muito bom e que preferem trabalhar em benefício dos que sofrem. E outros que são atraídos para lugares de sofrimento, de acordo com o que cada um, realmente, é. Será que mamãe estará tentando socorrer meu pai? Pelo que imagino, ele nunca quis trabalhar, somente embriagar-se. Nunca se preocupou com ninguém. Nem comigo e nem com mamãe.

22ª página

Também devo dizer que há Espíritos que não somente procuram auxiliar os que já desencarnaram, mas, também, os que ainda se encontram encarnados e que necessitam de ajuda. E também há aqueles que tentam prejudicar os que ainda se encontram na matéria. Você nunca ouviu falar em obsessões? Nunca ouviu falar de Espíritos que procuram prejudicar os que se encontram na carne?

– Pelo que estou entendendo, seu Ambrosino está querendo dizer que há Espíritos que ficam a vagar por aqui, na Terra. Já ouvi falar que existem pessoas que os veem. Nunca acreditei muito nisso, mas, agora, já não tenho muita certeza. Também já presenciei uma conversa de mamãe com dona Luzia, em que esta dizia que meu pai deveria estar sendo obsedado por um Espírito viciado. Seria possível isso? Mas, por quê?

E João Pedro passou para a página seguinte.

23ª página

Para que compreenda melhor, lhe explico que, muitas vezes, Espíritos se encontram tão ligados à matéria mais densa e longe dos pensamentos mais sublimes, que não se apercebem de que já passaram para o Plano Espiritual e continuam, como se estivessem vivendo um sonho ou um pesadelo, a perambular junto àqueles com os quais viveram e a quem amaram, ocasionando, na maioria das vezes, por falta de preparo e conhecimento, perturbações na vida dos que permaneceram na carne.

Porém, com o tempo, após um trabalho incessante de Espíritos do Bem, são esclarecidos e convencidos a acompanhá-los para o ver-

dadeiro plano espiritual. Por vezes, isso pode levar algum tempo. Existem, também, Espíritos que sabem que já deixaram o corpo físico, mas querem se vingar de encarnados e fazem de tudo para influenciá-los, através da intuição, a cometerem desatinos ou envolvê-los com seu ódio, o que não é de todo difícil, principalmente se esse encarnado possui a consciência pesada ou possui vibrações, pensamentos e, consequentemente, atos de natureza inferior. Também há os que já adquiriram certo grau de adiantamento moral e que, após a morte do corpo físico, retornam à Pátria Espiritual, sem nenhum transtorno.

O que você pensa a esse respeito? Nunca ouviu falar?

O rapaz coçou a cabeça e, pensando um pouco, falou consigo mesmo, mentalmente:

– Não me encontro nem um pouco surpreso porque, até agora, somente vejo a mesma lógica que venho percebendo desde o início deste questionário, mas o pouco que já pensei até hoje, nas poucas vezes em que pensava sobre a morte, somente acreditava em dois caminhos para a alma: o céu e o inferno. Foi o que aprendi com minha mãe e nas poucas vezes que frequentei com ela um templo religioso. Sempre imaginei que os bons se transformassem em anjos e os maus, em demônios. Mas Deus não seria justo e bom. É...

24ª página

Imaginando que, talvez, você esteja um pouco surpreso com o que leu há pouco, tenho a lhe afirmar que, na verdade, os Espíritos, quando desencarnam, não abandonam os seus vícios e nem suas virtudes. Passam, sim, a habitar a dimensão espiritual, em planos inferiores ou superiores, convivendo com os Espíritos afins.

E tudo isso é muito lógico, e que, muitos Espíritos inferiores, movidos por sentimentos de ódio e de vingança, geralmente oriundos de um passado anterior ou remoto, passam a obsedar Espíritos encarnados a fim de, através de intuições infelizes, prejudicá-los, muitas vezes fazendo-os praticar atos nocivos à sua evolução espiritual.

Há aqueles também que continuam a vivenciar situações de sofrimento, advindas do momento da morte do corpo físico, mais precisamente os que desencarnaram com altos débitos na consciência. Outros, continuam presos àqueles a quem amam, de maneira egoísta e possessiva, prejudicando-os com suas presenças. É evidente que um *dia serão auxiliados, assim que se livrarem de todo o orgulho, de toda a vaidade e de todo o egoísmo, rogando humildemente o auxílio a Deus.*

Agora lhe peço que abandone temporariamente a leitura deste questionário e somente retorne a ela quando encontrar alguma resposta à seguinte pergunta:

Você acha que essas situações ocorrem por acaso?

– Se ocorre por acaso? Bem... – pensou o rapaz, fechando o caderno, em obediência ao pedido –, depois de tudo o que li, chego à conclusão que não, porque, como seu Ambrosino já explicou, Deus não tem preferências sobre Seus filhos e dá a todos a mesma oportunidade. Penso que somos nós mesmos quem decidimos o próprio futuro e que nossos sofrimentos e dificuldades, realmente, existem para o nosso aprendizado.

– Estou sentindo muita paz e muita tranquilidade percorrendo este questionário. É impressionante. Numa noite, com apenas algumas páginas, já não sinto mais todo o desespero que sentia pela morte de minha mãe, pois já consigo imaginá-la mais viva do que nunca e, talvez, tentando me ajudar. Com certeza, não gostaria que eu sofresse mais com a nossa separação. E sinto que... bem... tenho certeza agora de que, um dia, nos veremos nesse Plano Espiritual o qual, de acordo com seu Ambrosino, trata-se da verdadeira vida. Mas e o ódio que sinto por Tércio, seu assassino? E este meu desejo de vingança? O que fazer para me libertar desse sentimento? Porque, na verdade, já começo a pensar que minha mãe não gostaria que eu cometesse algo que, pelo que estou entendendo, com certeza, lhe daria enorme sacrifício para me socorrer, pois se eu levasse a termo o que tenho em mente, isso me afastaria dela. O que devo fazer?

E foi com esses pensamentos que João Pedro guardou o caderno em uma gaveta e deitou-se, dormindo quase em seguida.

XV

Continuando com o questionário

No dia seguinte, sábado, quando Ambrosino chegou ao armazém, João Pedro já havia aberto as portas e estava varrendo a calçada.

– Bom dia, João Pedro. Levantou mais cedo, hoje?

– Sim, seu Ambrosino, e já li o questionário até o ponto em que me pede para interromper a leitura.

– E o que está achando? – perguntou, um pouco preocupado, como sempre, mas, ao mesmo tempo, confiante. Afinal de contas, nunca alguém havia mostrado desinteresse por ele, e sempre havia algumas perguntas que, obviamente, lhe eram feitas.

– Com toda a sinceridade, seu Ambrosino, tudo

o que já li, por sinal, bastante claro e, como o senhor diz, bastante lógico, mexeu muito comigo. Não vejo como contestar o que li, além do que, não vejo a hora de a noite chegar para continuar com a leitura.

– Fico satisfeito que esteja gostando e pelo seu interesse.

– É certo que terei que lhe fazer algumas perguntas, mas, tenho certeza, de que haverá respostas certas. E já estou consciente de que gostaria de ler aqueles livros.

– Você os terá, e lhe peço que, antes que me faça as perguntas que gostaria de fazer, lesse o restante, primeiro.

– É o que pretendo fazer.

Ambrosino, então, entrou no armazém, vestiu seu avental de trabalho e começou seus afazeres, enquanto João Pedro continuava com a limpeza, indo, logo em seguida, providenciar a lista de reposição de mercadorias.

E trabalharam em silêncio, não porque não quisessem falar mais sobre o assunto, mas é que o rapaz não queria ir além do que tinha tomado conhecimento.

O silêncio, na verdade, era quase que uma atitude elevada, como se algo de grandioso estivesse nascendo ali, entre os dois.

E à noite, após ligeira refeição, João Pedro

sentou-se à beira de sua cama e, tomando o caderno às mãos, abriu a página seguinte àquela em que parou a leitura na noite anterior.

25ª página

Imagino que já tenha uma resposta à pergunta anterior e imagino também que, por tudo o que já leu, deve estar com a certeza de que não há acasos na bondade e na justiça de Deus. Também deve ter raciocinado sobre todos os problemas por que eventualmente possa estar passando e deve estar a se perguntar o que é necessário fazer para viver de forma a encontrar um caminho para a felicidade, agora mais consciente de que necessita agradecer a Deus por todo o aprendizado que, com certeza, está vivenciando.

Dessa maneira, recorro a mais um trecho de *O Evangelho Segundo o Espiritismo*, que nos ensina:

"...Toda a moral de Jesus se resume na caridade e na humildade, quer dizer, nas duas virtudes contrárias ao egoísmo e ao orgulho. Em todos os seus ensinamentos, ele mostra essas virtudes como sendo o caminho da felicidade eterna. Bem-aventurados, disse ele, os pobres de espírito, quer dizer, os humildes, porque deles é o reino dos céus; bem-aventurados os que têm puro o coração; bem-aventurados os que são brandos e pacíficos; bem-aventurados os que são misericordiosos; amai o vosso próximo como a vós mesmos; fazei aos outros o que quereríeis que vos fizessem; amai os vossos inimigos; perdoai as ofensas, se quiserdes ser perdoados; fazei o bem sem ostentação; julgai a vós mesmos antes de julgar os outros. Humildade e caridade, eis o que não cessa de recomendar, e ele mesmo dá o exemplo; orgulho e egoísmo, eis o que não cessa de combater; mas faz mais do que recomendar a caridade, coloca-a claramente, em termos explícitos, como a condição absoluta da felicidade futura."

"... Se coloca a caridade no primeiro plano das virtudes, é porque ela encerra, implicitamente, todas as outras: a humildade, a doçura, a benevolência, a indulgência, a justiça, etc.; e porque é a negação absoluta do orgulho e do egoísmo."

E a caridade não consiste simplesmente em se dar esmolas, mas, também, fazê-la de todas as maneiras possíveis e toda criatura humana tem essa capacidade, por menos que possua em bens. A caridade consiste em fazer ao próximo o que gostaríamos que nos fosse feito. Ela consiste na paciência, na tolerância, na atenção, no ato de saber ouvir, numa palavra ou gesto de carinho, num pequeno favor, num simples sorriso, e na humildade.

Você tem alguma dúvida de que esse é o verdadeiro caminho para a felicidade?

João Pedro releu o texto e pensou:

– Se seguirmos esses ensinamentos de Jesus, com certeza, nos veremos livres de muitas causas de nossos problemas, como o orgulho, o egoísmo, a inveja, o ódio, a ganância. Mas como eu poderia me livrar do ódio que sinto, do desejo de vingança que não me sai do pensamento? Vou ler mais.

26ª página

Se você ainda tem dúvidas, pode acreditar numa coisa: a única e verdadeira felicidade somente poderá ser conquistada quando desejarmos e nos alegrarmos com a felicidade do próximo, porque se a alegria invadir nosso coração apenas com o que nos acontece de bom, essa felicidade é insuficiente se comparada com a felicidade que sentimos cada vez que nos defrontarmos com alguém feliz e, principalmente, se algo tivermos realizado para que esse irmão seja feliz, porque a felicidade que sentirmos somente com o que nos ocorre é *limitada, mas a felicidade que tivermos com a felicidade do nosso próximo é uma somatória infinita, porque é infinito o número de irmãos, filhos de Deus.*

Agora, peço-lhe que imagine alguém que cometeu um grande mal. O que acha dessa pessoa? Devemos condená-la para sempre ou devemos perdoá-la e tentar auxiliá-la?

– Meu Deus! – exclamou, mentalmente, João Pedro, aturdido. – Será que esta pergunta está sendo feita por causa de meu sentimento de ódio e desejo de vingança? Não, não deve ser. Seu Ambrosino me disse que este questionário é o mesmo que costuma entregar para outras pessoas e eu acredito nele. Mas é uma pergunta de difícil resposta para mim. Aquele homem assassinou minha mãe e não consigo vê-lo como a um irmão necessitado. Vejo-o como uma pessoa muito má e sem coração.

Baixou a cabeça e permaneceu por alguns bons

momentos a pensar e com medo de virar a página. No íntimo não gostaria de que alguma coisa o convencesse a não levar adiante a sua ideia de uma vingança.

27ª página

Se alguém se transformou em nosso inimigo porque nos causou um mal, um grande sofrimento, Deus espera que, em primeiro lugar, nós o consideremos como a um irmão que necessita de muita ajuda porque, com esse cometimento, adquiriu para si uma grande dívida e terá de responder um dia por ela. Deseja que entendamos que, fatalmente, essa criatura viria a cometer esse delito, mas que a vida, nas suas sábias engrenagens de causa e efeito, nos colocou em seu caminho, no momento exato desse delito e que a ele fomos atraídos pelas leis de ação e reação. E esse sofrimento faria parte natural de nossa caminhada, a não ser que, deliberadamente e por torpes motivos, tivéssemos nós mesmos provocado esse encontro, muitas vezes fatídico. Também existem os casos em que se nos fazem mal porque nós provocamos esse ato, e daí, seremos tão culpados quanto nosso agressor.

Devemos nos lembrar também, que esse irmão, que tão maldosamente tenha nos atingido, não passa de um espelho de nosso passado porque, com certeza, também fomos, em uma ou mais encarnações, tão inferiores quanto ele, trilhando difíceis caminhos e, se hoje ocupamos melhor posição no que se refere à nossa evolução espiritual, é porque um dia alguém nos auxiliou ou até nos perdoou antes desse auxílio.

E Deus espera que façamos aos outros o bem que um dia também nos fizeram.

Além do mais, temos que ver em nosso próximo um espelho de nosso futuro, porque, hoje, um nosso irmão pode estar precisando de nós, assim como poderemos, um dia, estar enfrentando um problema igual ao dele. Todos sabemos que temos de passar por várias experiências na vida para podermos aprender com elas.

E, independentemente da necessidade de se perdoar ou não, temos sempre que auxiliar o nosso próximo que é um nosso irmão, filhos que somos todos de um mesmo pai, nosso Criador.

Também façamos uma simples experiência, sempre que a oportunidade surgir. Procuremos ver no necessitado que bate à nossa porta ou que nos estende as mãos em nosso caminho, a imagem de um ente querido. Imaginemos um de nossos filhos, por exemplo, passando por aquela dificuldade e veremos como nosso coração será tocado pela caridade, a grande chave a nos abrir as portas da felicidade. Ajamos com eles como gostaríamos que os outros agissem conosco e com os nossos.

E nada mais certo que, quando desencarnarmos, as leis de causa e efeito nos encaminharão para esta ou aquela situação, boa ou má, dependendo de como tivermos encaminhado os nossos passos quando na carne.

Agora, então, pense como é que Deus, nosso criador, estruturou essas leis, a fim de que elas, essas leis, julguem os nossos atos.

Pense nisso.

João Pedro, então, releu mais duas vezes o texto, como quem desejasse compreendê-lo bem .

– Pelo que estou entendendo, tenho de refletir sobre o que poderá acontecer, por exemplo, comigo, quando eu retornar para o plano espiritual ou, melhor ainda, se irei entrar em contato com os Espíritos do bem ou com os infelizes Espíritos sofredores. Ou, simplificando um pouco: irei ter a um paraíso ou a um inferno, como diz a maioria das religiões.

– Penso que, como diz seu Ambrosino, essas leis da vida irão julgar o mal que eu tiver cometido e serei, digamos assim, automaticamente atraído para um lugar de sofrimento ou, então, se não tiver feito mal algum, irei ter a um bom lugar.

28ª página

Talvez, meu amigo, você tenha imaginado que, se tiver cometido muitos deslizes que vieram a prejudicar o semelhante, será arremetido a um local de sofrimento ou, pelo menos, irá sofrer as consequências desses atos, mas se não tiver cometido nenhum erro contra o próximo, será galgado ao seio de Espíritos do bem.

Tenha sido assim ou não que você imaginou, devo lhe prevenir de uma coisa com a qual deve começar a se preocupar a partir deste momento.

E, para tanto, procure raciocinar bastante sobre a verdade que se segue, verdade esta, transmitida a Allan Kardec por Espíritos Superiores, trabalhadores do bem:

Resumidamente, ela nos ensina que: devemos nos preocupar em fazer o bem sempre, porque os Espíritos nos ensinam que não seremos julgados apenas pelo mal que tivermos ou não cometido, mas também pelo bem que tivermos deixado de fazer e, principalmente, por todas as consequências oriundas desse bem que não fizemos, tendo a oportunidade para tanto.

– Meu Deus! – exclamou o rapaz, após ler a frase. – Seremos julgados até pelo bem que deixarmos de fazer e pelo que veio a ocorrer com alguém por que não o auxiliamos? Mas nem sempre é possível ajudar a todas as pessoas que necessitam. Estou até atordoado.

E, pensando assim, dirigiu sua atenção para a página seguinte.

29ª página

Deve ter ficado bastante impressionado com o que acabou de ler, mas a vida é assim. O bem, conforme Jesus nos ensinou, é uma condição indispensável para sermos felizes. Você deve se lembrar do que já leu e que diz que somente alcançaremos a plena felicidade se nos alegrarmos com a felicidade do próximo e, mais ainda, se tivermos contribuído para com essa felicidade.

Na verdade, as leis não nos encaminharão a lugares bons ou maus no verdadeiro plano da vida. Será a nossa própria consciência que nos arremeterá a esse estado de sofrimento ou felicidade.

Agora, você já deve ter ouvido

falar das reuniões mediúnicas, onde se tem contato com os Espíritos. Isso realmente é um fato, tendo em vista as diversas comunicações de Espíritos em que a família do comunicante comprova veracidade em suas palavras, baseada em fatos somente do conhecimento dele e dos familiares.

O que acha disso?

– Realmente, já ouvi falar nisso, mas nunca me interessei pelo assunto e nem cheguei a acreditar que isso pudesse acontecer, mas, diante de tudo o que tenho lido neste caderno, não vejo por que negar essa possibilidade. Inclusive, gostaria muito, se fosse possível, de ter um contato com minha mãe. Será que os Espíritos somente vêm se comunicar com aqueles que são espíritas? Seria um privilégio deles?

30ª página

Talvez esteja tentando imagi-

nar qual a finalidade de se ocupar em conversar com os Espíritos e até gostaria de poder entrar em contato com algum conhecido seu, um parente, talvez. E vou lhe dizer, mas como será uma explicação um tanto longa, sugiro que, neste momento da leitura, você tenha tempo disponível. Se não, interrompa agora e retorne quando tiver mais disponibilidade.

Em primeiro lugar, vou lhe narrar como tudo começou ou melhor, como tudo passou a ter uma melhor organização, porque os fenômenos espíritas ou a influência do mundo espiritual neste planeta existe desde a antiguidade e os mais antigos religiosos já a notavam. Porém, foi no século dezenove que esses fenômenos começaram a ser mais identificados pelo povo. Eram pancadas, batidas e ruídos inexplicáveis, ocorrendo, também, movimentação de objetos que acabaram sendo considerados frutos de uma força desconhecida, mas, com certeza, inteligente.

E nos anos de 1853 a 1855, esses fenômenos acabaram se tornando um tipo de passatempo em reuniões de salão, quando as pessoas passaram a utilizar o que chamavam de "mesas girantes", que nada mais eram do que uma pequena mesa de tampo redondo, com uma coluna ao centro e que se apoiava no chão por meio de três pés. E as pessoas sentavam-se ao redor dessa pequena mesa, colocando as mãos espalmadas sobre ela. Dessa forma, a mesa adquiria o que se costuma chamar de uma vida factícia, movimentando-se em todos os sentidos e, muitas vezes até, elevando-se no ar como se estivesse flutuando. E as pessoas descobriram que, fazendo perguntas a essa mesa, ela lhes respondia através de pancadas com o pé.

E funcionava assim: batia o pé a pequenos intervalos e convencionava-se corresponder o número de batidas com uma letra do alfabeto. Por exemplo: uma batida representava a letra "A", seis batidas, a letra "F" e, juntando-se as letras, formavam palavras e sentenças e as pessoas, dessa maneira, conversavam com ela. Faziam-lhe perguntas e esta lhes respondia. Geralmente, as perguntas eram de grande infantilidade e, consequentemente, as respostas também o eram. Na verdade, encaravam aquilo como uma brincadeira que não entendiam. Foi, então, que surgiu um renomado e respeitadíssimo professor, escritor de vários livros pedagógicos e profundo pesquisador, de nome Hippolyte Léon Denizard Rivail, que depois adotou o pseudônimo de Allan Kardec.

E Kardec, após ter assistido, a convite, uma dessas reuniões, resolveu levar avante uma séria pesquisa a respeito, pois percebera uma inteligência desconhecida a movimentar a mesa. Só que não mais perguntas frívolas eram feitas à força inteligente que movia a mesa, mas sim questões de grande seriedade, tratadas com profundo cunho científico e, desta feita, as respostas eram também sérias e reveladoras, porque, os Espíritos que respondiam a Kardec eram, agora, Espíritos Superiores e não Espíritos que se prestavam a brincadeiras de salão. Allan Kardec trabalhava com muita organização, fazendo perguntas que, ao serem respondidas, eram anotadas. Foi então que, de posse dessas perguntas e respostas, compilou-as num livro que lançou em 1857, denominado O Livro dos Espíritos. O mais importante disso tudo é que o Espiritismo não é uma doutrina criada pelo homem e, sim, revelada pelos Espíritos. E, da mesma maneira, pelo mesmo método e com o auxílio, também, de médiuns, editou outras obras importantíssimas, como _O Livro dos Médiuns_, _O Evangelho Segundo o Espiritismo_, _O Céu e o Inferno_ e _A gênese_. Fundou uma revista denominada _Revista Espírita, Jornal de Estudos Psicológicos_ e um pequeno livro intitulado _O que é o Espiritismo_. Allan Kardec devotou-se tanto à divulgação do Espiritismo, termo este de sua autoria, que, após a sua desencarnação, foi possível lançar o livro _Obras Póstumas_ com todo o material que tinha deixado para publicação.

Creio que uma das finalidades da comunicação com os Espíritos já foi respondida. Devo lhe dizer, também, que Kardec recebia correspondências de várias partes do mundo, de outras pessoas que começaram a fazer, também, um trabalho sério, relatando comunicações em que os Espíritos revelavam a mesma coisa sobre os diversos assuntos perguntados.

Mas você deve estar querendo saber sobre a finalidade das comunicações na atualidade, daquelas que são realizadas pelos Centros espíritas.

Muito bem. O Espírito é criado por Deus, simples e ignorante, com a missão de depurar-se na prática do bem, para poder galgar planos mais elevados, através das diversas encarnações, num grande aprendizado, nas quais, uns, conseguem caminhar mais rapidamente e outros mais lentamente, dependendo do livre-arbítrio com que escolhem seus caminhos nas diversas etapas da vida.

Agora, o que acontece é que os Espíritos, como já expliquei, quando desencarnam, não abandonam os seus hábitos, seus desejos, suas fraquezas, seus vícios e até suas virtudes. Passam, sim, a habitar, no "lado de lá", planos inferiores ou superiores, dependendo de suas índoles boas ou más. E convivem com seus afins, ou seja, convivem com os Espíritos Superiores ou inferiores, em lugares de aprendizado e de trabalho em benefício do próximo ou em lugares de sofrimento e trevas, geralmente escravizados a entidades malignas e inimigas do Bem, que os fazem trabalhar em missões obsessivas aos encarnados.

Disso podemos entender que a simples mudança de plano não altera a condição moral do Espírito e, dessa forma, os mais poderosos na maldade e na ascendência mental acabam governando os mais fracos, na busca da satisfação de insanos desejos. Em mal se comparando, mas apenas para se ter uma ideia, veja o que ocorre nas penitenciárias onde sempre existem os chefes de verdadeiras quadrilhas internas, a escravizar os mais fracos.

O que comumente ocorre, como já lhe expliquei anteriormente, são as obsessões praticadas por Espíritos desencarnados a encarnados por causa de fortes sentimentos de ódio e de vingança, oriundos do passado. Existem, também, outras entidades que, muitas vezes, nem se apercebem que já desencarnaram, passando a viver como se estivessem sonhando com o que lhes está acontecendo, num estado de verdadeiro torpor e ficam a perambular junto a pessoas e coisas que lhes são afins. De outras vezes, ficam passando por momentos horríveis, geralmente ligados ao momento de suas mortes, principalmente se desencarnaram com a consciência pesada, por atos menos dignos. Quantos, então, ficam a viver junto daqueles a quem amam, de maneira possessiva e egoísta, prejudicando-os com suas presenças.

Por esse motivo, geralmente, as reuniões mediúnicas realizadas pelos espíritas têm a finalidade de os auxiliarem, pois, através de um médium, conseguem conversar com eles e encaminhá-los para um novo rumo, fazendo-os compreender as verdades da vida. Fazem-nos, inclusive, visualizar Espíritos amigos que irão auxiliá-los, pois como já disse, muitas vezes pensam que estão ainda vivendo no plano terrestre.

Imagino que deva estar se perguntando se somente os Espíritos atendidos pelos Centros espíritas são ajudados.

É evidente que não, tanto que a Doutrina Espírita ainda é pouco conhecida da quase totalidade dos países que existem neste planeta. Mas todos os que necessitam e se dispõem a se modificar intimamente, com o firme propósito de corrigirem seus erros, certamente, são auxiliados pelos Espíritos, sem a ajuda dos encarnados. O que acontece, é que as reuniões mediúnicas existem para que os encarnados tomem mais conhecimento dos problemas por que passam as entidades que erraram, e exercitem e desenvolvam a caridade, dispondo-se a receber esses Espíritos, mediunicamente, e com eles dialogando a fim de fazê-los mudar os mais íntimos pensamentos de revolta, ódio, vingança ou outros mais. Também recebem, através da mediunidade, comunicações de Espíritos Superiores que lhes trazem palavras de ânimo e entusiasmo para a continuidade do trabalho. E, com isso, também podemos dizer que essas reuniões têm a capacidade de atrair a atenção de criaturas que sofrem e que podem se interessar pela Doutrina dos Espíritos, e principalmente pelos ensinamentos de Jesus.

Agora, talvez, respondendo a uma provável pergunta, mas, de qualquer maneira, ensinando-o, devo lhe informar que as comunicações de parentes ou amigos que já desencarnaram, quase que somente ocorrem quando a iniciativa parte do Espírito desencarnado e, mesmo assim, com a permissão dos Espíritos Superiores, trabalhadores de Jesus. São raras as vezes que solicitamos dialogar com alguém e isso somente em casos de extrema importância, nem sempre atendidas.

Ou seja, o telefone toca de lá para cá.

E para encerrar este questionário, devo lhe dizer que ele lhe trouxe apenas algumas informações sobre a vida e suas verdades.

Para um melhor entendimento e um melhor aproveitamento das bênçãos que a Doutrina Espírita oferece, sugiro a leitura das obras básicas já citadas, e de alguns outros livros que um centro espírita poderá lhe indicar, principalmente aqueles psicografados pelo já conhecido médium Francisco Cândido Xavier.

E, tendo plena convicção de que

sua inteligência já percebeu que somente conseguiremos ser felizes com a felicidade do próximo, desejo-lhe profícua caminhada nesta vida de aprendizes em direção à plena felicidade.

FIM

O questionário terminou e o sono envolveu João Pedro que, deitando-se, imediatamente dormiu, feliz agora, pois lhe pareceu ter encontrado o alívio para dois grandes sofrimentos que o martirizavam: um, a grande saudade de sua mãe, agora não mais tão distante, pela certeza de um dia reencontrar-se com ela ou, talvez, ter a graça de se comunicarem através do exercício de uma mediunidade, se Deus assim o permitisse; o outro, o ódio que lhe vinha corroendo as mais profundas fibras de seu ser, através dos pensamentos de vingança. Por que haveria de querer vingar-se, agora? De que lhe adiantaria? Com certeza, isso o distanciaria de sua mãe querida e a faria sofrer.

Por outro lado, Tércio, apesar do crime cometido, também era um filho de Deus. E não acreditava mais que um acaso teria provocado aquela tragédia. Não que o assassino tivesse reencarnado para praticar aquele crime e provocar todo o sofrimento que ele e sua mãe deveriam passar como resgate e aprendizado, mas sim, que esse homem não deveria cometer crime algum, mas falhou e que, se não fosse através dele, poderia ter sido através de um outro infeliz para o qual ele e sua mãe acabariam sendo atraídos pelas forças da vida, da justiça e do aprendizado.

Além do mais, esse criminoso ainda teria que arcar com as consequências de seu erro, mas, com certeza, agora, não seria mais pelas suas mãos.

Quando acordou, era domingo e vagamente lembrou-se de um sonho muito feliz que tivera com sua mãe e que ela o abraçara muito e chorara de felicidade.

Levantou-se, então, e, como de costume, fez um pouco de café que sorveu bem devagar, acompanhado por um pedaço de pão com manteiga.

E não teve mais dúvidas. Colocou uma roupa de passeio e caminhou em direção à casa de Ambrosino, na esperança de encontrá-lo ou a Lurdes, sem que tivesse que chamá-los. E qual não foi sua felicidade ao ver que, tanto o homem, Lurdes e dona Olga se encontravam na calçada, defronte da casa, conversando.

– Bom dia, João Pedro, tudo bem? – perguntou Lurdes, a primeira a vê-lo aproximar-se.

– Tudo bem e melhor ainda, agora.

– Está passeando? – perguntou dona Olga.

– Sim... quero dizer... bem... gostaria de conversar um pouco com seu Ambrosino.

– Pois entre, João Pedro – convidou a mulher. – Vou preparar um café para vocês.

– Não precisa se incomodar, dona Olga.

– Faço questão. Entre, por favor.

E os quatro entraram na sala e o rapaz explicou:

– Eu disse que gostaria de falar com seu Ambrosino, mas, se quiserem, gostaria que participassem de minha conversa.

– Vou preparar o café e já volto. Fique aí com eles, Lurdes. Já volto e não precisam me esperar. Podem conversar. A casa é pequena e da cozinha dá para ouvi-los.

E os três, então, se sentaram.

– Pode falar, João Pedro.

– Sabe, seu Ambrosino, e você também, Lurdes, ontem à noite terminei de ler o questionário e quero lhes dizer que não podem imaginar o bem que ele me fez.

– Verdade? – perguntou Lurdes. – Fico muito feliz por você.

– Eu estava sofrendo muito.

– Nós sabemos, João Pedro.

– E toda aquela leitura tirou um grande peso de sobre os meus ombros. Estava sofrendo muito com a morte de mamãe e o sentimento de ódio e o desejo de vingança estavam acabando comigo. Agora, creiam, ainda sofro com a minha separação de mamãe, mas já é um sofrimento diferente, um sofrimento cheio de esperanças. Não a sinto mais tão longe de mim. Sinto que está mais viva do que nunca e ainda mais ligada ao meu coração.

Nesse momento, dona Olga entrou na sala e abraçou o rapaz, emocionada.

– Você falou tudo, João Pedro. Nem a morte do corpo físico tem a força de separar o coração de uma mãe e de um filho.

Lurdes também não conseguiu conter as lágrimas.

– Também tenho a dizer que não desejo mais nenhum mal a Tércio. Na verdade, estou sentindo enorme compaixão por ele. Não tenho condições ainda de procurá-lo e lhe dizer isso, mas não desejo maior sofrimento do que o que ele deve estar passando na prisão. Sei que, por enquanto, a lei dos homens o ensinará um pouco e quem sabe, um dia, poderá resgatar esse erro, fazendo o bem. E gostaria, seu Ambrosino, de lhe pedir um grande favor.

– Pode pedir, João Pedro.

– Gostaria que o procurasse na cadeia e lhe

dissesse isso. Que, de minha parte, não há mais o que temer.

– Pois farei isso. Pode ficar tranquilo.

– E, se não fosse pedir muito, seu Ambrosino, o senhor prometeu me emprestar alguns livros...

– Logo depois do almoço eu darei a você, porque quero que aceite almoçar conosco, hoje. Só lhe peço que avise seu Manuel e dona Adalgisa para que não fiquem preocupados.

– Mas não irei incomodar?

– De maneira alguma – respondeu dona Olga. – Será um grande prazer e queremos fazer desse almoço uma comemoração à sua liberdade de sentimentos que acaba de angariar.

– Agradeço muito – disse o rapaz, muito feliz com o convite e, sorrindo, pelo fato de ter feito tantos pedidos, disparou outro: – Mais um favor, só?

– Pode pedir – respondeu Ambrosino.

– Gostaria muito de ajudar, no que for possível e dentro de minhas possibilidades, no trabalho que realizam com as pessoas necessitadas, que atendem no Centro Espírita. Poderei fazer qualquer coisa.

– Pois será muito bem-vindo, João Pedro. Trabalho é o que não falta.

XVI

Encontro esclarecedor

Na segunda-feira, após o serviço, Ambrosino se dirigiu à cadeia e, com a autorização da autoridade, foi ter com Tércio que, emocionado e em lágrimas, ao ouvir o recado do rapaz, pediu para que Ambrosino agradecesse a João Pedro e que, um dia, se fosse possível, que o fosse visitar, para que ele, pessoalmente, lhe pedisse perdão.

E Ambrosino chegou em casa muito emocionado também. Fez uma prece juntamente com dona Olga e Lurdes e, após o jantar, saiu um pouco a caminhar pela calçada.

De repente, alguém lhe tocou o ombro e qual não foi a sua surpresa ao ver, ao seu lado, o homem que lhe ditara o questionário.

– Você?! O homem do caderno?!

– Surpreso? Eu lhe disse que um dia voltaria a vê-lo para lhe perguntar sobre o resultado que, porventura, tivesse obtido com o questionário.

– Que alegria em vê-lo! Venha, vamos até minha casa.

– Infelizmente, agora não posso. Estou um pouco atrasado para um encontro.

– Que pena. Gostaria tanto de conversar um pouco com você, novamente.

– Mas, e daí? Como tem se portado o nosso caderno?

– Muito bem, mas muito bem mesmo! Já providenciei muitas cópias e penso ter ajudado muitas pessoas. Agora à noite fiz uma visita a alguém que, indiretamente, obteve uma grande bênção por intermédio desse bendito caderno.

– Fico muito feliz com isso. E continue, meu bom Ambrosino. Continue com esse trabalho. Bem, agora, tenho que ir, mas um dia voltarei a falar com você com mais tempo.

– Posso lhe dar a mão e um abraço?

– Claro. Será um grande prazer abraçá-lo.

E quando Ambrosino o abraçou, percebeu algo bem diferente, como uma grande energia. E perguntou:

– O que é isto? Você parece irradiar algo estranho... não sei dizer...uma energia, talvez...

– Mas você também. Sabe, Ambrosino, quando fazemos o bem, isso acontece – explicou, procurando disfarçar.

– Quem é você?

O homem pensou um pouco, sorriu para Ambrosino e respondeu:

– Eu não sou nada, apenas tenho tentado auxiliar o próximo, procurando seguir os ensinamentos de nosso irmão maior, Jesus.

E, despedindo-se, começou a caminhar, enquanto Ambrosino ficou a acompanhá-lo com o olhar. E quando já se encontrava a cerca de uns trinta metros de distância, o assombro tomou conta dele. Pareceu-lhe que o misterioso amigo, inexplicavelmente, mudara de roupa e se tornara um pouco mais baixo na estatura. Mas a grande surpresa veio quando o homem olhou para trás e acenou.

– Ubaldo?! Como pode ser?! Era Ubaldo! Mas o que é isso?! Não foi uma vidência de minha parte, pois o toquei e pude senti-lo! Meu Deus!

E Ambrosino, estático, acenou de volta até que Ubaldo pareceu desaparecer à distância.

Alguns minutos se passaram até que Ambrosino saísse daquele estado de assombro e de estupefação. Girou sobre os calcanhares e disparou em direção ao Centro Espírita. Tinha que falar com alguém, principalmente com o senhor Teodoro, presidente do centro e profundo conhecedor da Doutrina. Quem sabe, ele ainda não estaria lá? Os trabalhos já haviam terminado e o centro estava fechado, mas viu luz na sala que servia de biblioteca. Com certeza deveria ser Teodoro quem lá se encontrava. Tinha as chaves e entrou quase correndo, dirigindo-se àquela sala, respirando aliviado quando viu o amigo debruçado sobre um livro.

– Ambrosino? O que faz por aqui? Parece que viu fantasmas...

– Pois foi mais ou menos isso, Teodoro.

– Pois sente-se e me conte.

E Ambrosino lhe conta tudo o que acontecera, inclusive sobre seu Ubaldo. Teodoro conhecia o trabalho que ele realizava com seus cadernos e, permanecendo pensativo por alguns instantes, levantou-se, dirigindo-se até uma das estantes da biblioteca.

– Hum... deixe-me ver... deve ser este volume.

E folheou-o até encontrar o que procurava.

– É este mesmo: *Revista Espírita,* de Allan Kardec, ano de 1859.

– O que encontrou, Teodoro?

– Você conhece a *Revista Espírita,* de Allan Kardec, não?

– Não li toda a coleção, mas alguma coisa. Por que me pergunta?

– Gostaria que lesse neste volume do ano de 1859, do mês de fevereiro, este artigo e, logo após, na última pergunta do terceiro artigo do mês de janeiro desse mesmo ano, e penso que, talvez, tenhamos uma resposta.

Ambrosino apanhou a encadernação das mãos de Teodoro e começou a ler o que lhe fora indicado pelo amigo, que relatava as extraordinárias manifestações produzidas pelo senhor Home, onde ocorriam aparições de mãos perfeitamente tangíveis que todos podiam ver a apalpar. Enquanto lia, Teodoro permaneceu em silêncio, observando-o.

E alguns textos do artigo começaram a chamar a atenção de Ambrosino, que os lia em voz alta:

– "...Nessas mãos havia carne, pele, ossos e unhas reais? Evidentemente, não: era uma aparência tal que produzia o efeito de uma realidade. Se um Espírito tem o poder de tornar visível e palpável uma parte qualquer de seu corpo, razão não existe para que não aconteça o mesmo com os outros órgãos. Suponhamos então que um Espírito estenda essa aparência a todas as partes do corpo – e teremos a impressão de ver um ser semelhante a nós, agindo como nós, quando não passa de um vapor solidificado..."

E também:

– "...Se a duração da aparência corporal é limitada para certos Espíritos, podemos dizer que, em princípio, ela é variável e pode persistir mais ou menos tempo; pode produzir-se a qualquer tempo e a qualquer hora. Um Espírito, cujo corpo fosse inteiramente visível e palpável, dar-nos-ia a aparência de um ser humano, poderia conversar conosco, sentar-se em nosso lar, como qualquer visita, pois que o tomaríamos como um de nossos semelhantes."

– "...Interrogado a respeito, um Espírito superior respondeu que, efetivamente, podemos encontrar seres de tal natureza, sem que o suspeitemos..."

– "...sua aparição corpórea pode ter longa duração, conforme a necessidade, a fim de estabelecer relações sociais com um ou vários indivíduos."

E que:

– "...por vezes existem na Terra Espíritos que revestiram essa aparência, e são tomados como homens."

E procurando a última pergunta do terceiro artigo do mês de janeiro, encontrou:

– "– Muitas vezes os tendes junto a vós, sem que o suspeiteis"

– Meu Deus, Teodoro! Esse homem que escreveu o caderno ou esse senhor Ubaldo, que é uma outra forma dele, é um agênere! E quando Ubaldo falou de seus parentes e amigos, seriam, também, agêneres? Só posso supor que sim, principalmente porque, se bem me lembro, falou sobre moços que, à exceção dos demais, se uniram a eles, antes de envelhecerem. Somente pode ter-se referido a Espíritos que desencarnaram moços, ainda.

– Não sei o que lhe dizer ou afirmar, Ambrosino. Realmente, tudo me leva a crer que se trata de um agênere, sim, mas penso que seria de bom alvitre não comentasse esse fato com qualquer pessoa menos desprovida de conhecimentos espíritas, principalmente alguém que nunca tenha lido a respeito na *Revista Espírita*. Talvez não acreditassem em você. E pelo que me contou... se os tocou, e principalmente pelo fato de outras pessoas terem tido contato físico com esse senhor Ubaldo...

* * *

O tempo passou e João Pedro veio a casar-se com Lurdes, teve filhos e foi, até os últimos dias de sua vida na carne, um grande trabalhador de Jesus nas lides da Doutrina Espírita.

E quando veio a desencarnar, teve a felicidade de encontrar-se com suas duas mães: Dirce e, depois, Cristina, juntando-se a elas no ainda não concretizado e árduo trabalho de socorro ao seu pai biológico e àquele que lhe foi padrasto.

Quanto à Tércio, que já havia desencarnado havia algum tempo, e agora, prestes a uma nova encarnação, encontrou nele a promessa de auxílio, através de boas intuições mentais, bem como grande proteção no sublime intercâmbio dos dois planos da vida.

Mesmo porque, João Pedro, apesar de não saber em detalhes, não desconhecia que havia, em um remoto passado, angariado pesado débito para com ele, juntamente com sua mãe adotiva.

Não há necessidade de se relatar o destino dos demais personagens desta história, tendo em vista a boa tarefa cumprida por eles.

E por tudo o que foi relatado nesta história, prezado leitor, rogamos que procure sempre não se exasperar com contratempos causados por estranhos. Bem podem ter sido originados por alguma boa intenção de auxiliá-lo.

Seja por um agênere, seja por alguém, inspirado por algum Espírito amigo ou protetor.

De qualquer maneira, a exasperação somente nos desequilibra a mente e nos traz sofrimento.

Portanto, sejamos pacientes para com o próximo.

Afinal, a paciência também é uma bela forma de se exercitar a caridade.

Nota da Editora

O questionário do Caderno encontra-se disponível para download no site www.ideeditora.com.br

Nota do autor

Leia as Obras de Allan Kardec citadas às páginas 232 e 233 deste romance

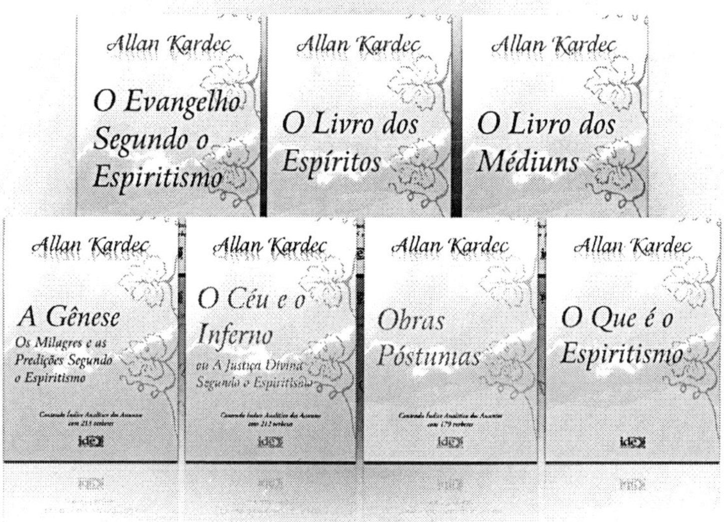